기본소득,
지금
세계는

문제는 불평등이다

새 로 운 희 망 을 기 획 할 수 있 는 권 리

기본소득,
지금
세계는

문제는 불평등이다

최인숙 · 고향갑 지음

경기신문 구름바다

차례

2부

문제는 불평등이다 - 대한민국 불평등 보고서

제2의 클라리스를 위하여

파리 11구 샤론느 거리 94번지에는 〈여인의 궁전(Palais de la femme: 빨레 드 라 팜므)〉이 있다. 중세 수녀들이 기도하던 꾸방(couvent: 수녀원)이었지만 지금은 여자 기숙사다. 고풍스럽고 우아한 이 건물은 프랑스의 역사 문화재다. 현관에 들어서면 커피나무, 싱고늄, 파초 등 남국의 식물들이 멋지게 어우러져 있다. 1층에는 널찍하고 햇살 잘 드는 살롱 드 떼(Salon de thé: 다방)가 있고, 2층부터 5층까지는 손바닥만 한 600개의 방들이 따닥따닥 붙어 있다. 이 방들은 모두 초라하다. 요리는 방에서 할 수 없고 1층 공동부엌을 이용해야 한다. 밤 10시가 되면 큰 대문은 잠기고 쪽문이 열린다. 외부 전화는 자동으로 끊어진다. 전화소음, 텔레비전소음으로 옆방과 분쟁이 자주 벌어지기 때문이다.

유난히도 푹푹 찌는 어느 해 여름, 나는 이 건물 3층으로 이사했다. 석사 학위 논문을 매일 또닥거리던 어느 날, 돌연 외출을 결심했다. "이런 찜통더위에 공부하는 건 미친 짓이야!" 기분 전환용 바지로 갈아입고 〈여인의 궁전〉 현관문을 나섰다.

코가 뭉툭하고 평평한 한 남자가 계단 위에 앉아 있었다. 그 남자는 날 보자마자 "어이, 아지아 티크(아시아 여자)", "너 왜 바지를 뒤집어 입었어?" 하며 말을 건넸다. 씩 웃는 남자의 얼굴엔 악의라곤 없었다. "일부러 이렇게 디자인된 건데요"라고 나는 대꾸했다. 그 남자는 "내 쁘띠따미(애인)가 나오면 같이 커피 마실래?"라고 물었다. 솔깃했다. 갓 이사와 아는 사람이 없던 중에 친구를 만들 절호의 기회였다. "좋아요"라고 대답하고 나는 여자를 기다렸다.

한참 만에 그 여자가 나타났다. 엉덩이는 호박만 하고 얼굴은 퉁퉁 부은 흑인 여자. 클라리스였다. 그녀는 내게 어제 만난 친구처럼 "야, 같이 밥 먹으러 가자"라고 소리쳤다. 클라리스는 〈여인의 궁전〉에서 멀지 않은 "말리인의 집(Foyer malien)"에 가자고 했다. '말리인의 집? 도대체 어떤 곳일까?' 궁금했다. 그곳은 아프리카 사람들과 아프리카 잡동사니가 그득한 말리인의 가게였다. 1층 한 귀퉁이 넓은 식당으로 우리는 향했다. 파리가 날아다니고 식탁은 끈적거렸다. 파리(Paris)에 이런 곳이 있었다니 믿을 수 없었다. 목구멍으로 도저히 넘어가지 않는 밥을 예의상 꾹 참고 몇 숟가락 떴다. 그리고 우리는 카페로 옮겨 수다를 떨었다.

그날 이후 나는 클라리스 방에 자주 놀러 갔고, 우리는 둘도 없는 단짝이 됐다. 베냉에서 태어난 클라리스는 코트디부아르에서 장사를 하다 프랑스로 왔다. 돈을 모아 아프리카에 있는 가족을 한 명씩 데려오는 게 꿈이었다. 타향살이 몇 년 만에 클라리스는 꿈을 이루기 시작했다. 여동생을 프랑스로 데려와 대학에 보내 간호사로 만들었다. 그녀의 다음 목표는 남동생을 데려오는 것이었다. 그러나 신의 장난인가. 클라리스는 병이 들었다. 가사 도우미로 이집 저집 전전하다가 그만 과로로 쓰러졌다.

내가 클라리스를 처음 만났을 때 그녀는 우울증으로 주사를 맞고 있었다. 그 주사가 그녀를 퉁퉁 붓게 했다. 클라리스는 프랑스 정부로부터 매월 수당을 받아 연명했다. 그녀가 받은 수당은 에레미(R.M.I: 최저통합수당). 이 수당은 프랑스가 1990년대 말 기본소득 요소를 가미해 만든 것이다. 그녀의 방에서 난 또 다른 에레미스트들(érémistes 수당을 받는 사람들)을 만났다.

밤마다 클라리스 방으로 모여드는 에레미스트들은 대부분 백인 여자들이었다. 기간제 교사를 하다 놀고 있는 이디아, 일자리를 찾으려고 면접을 보지만 매번 떨어지는 제시카, 모노 프리에서 비정규직으로 일하는 나디아, 쁠레이아드(La Pléiade)에서 피아노를 조율하는 제랄딘. 대부분 하루를 힘겹게 살고 있지만 건강했다. 애인을 만나 데이트를 하고 싶은 욕망이 넘쳤고, 비리를 저지르는 〈여인의 궁전〉 소장을 물 먹이려고 모의를 꾸미는 정의감도 상당했다. 그녀들이 이처럼 인간적이고 용감할 수 있었던 것은 기본소득이 가미된 에레미라는 사회안전망 덕분이었다.

클라리스의 일과는 늦게까지 자고 오후 3시가 되면 말리인 식당에 가서 고봉밥 한 그릇을 배불리 먹는 것이었다. 그러곤 밤이 되면 그녀의 방으로 찾아드는 백인 에레미스트들과 말보로를 피우며 수다를 떨었다. 음악을 좋아하는 클라리스의 사치는 일제 샤프(Sharp) 오디오를 산 것이 전부였다. 그녀는 새로 산 오디오로 내게 서인도제도의 음악을 틀어주며 춤을 추곤 했다. 샤프 오디오도 아마 R.M.I 수당을 모아 샀을 것이다.

재활 치료를 잘 견뎌낸 클라리스는 부기가 빠지고 늘씬해졌다. 나는 가끔 "어쭈, 나오미 캠벨 같은데"라고 그녀를 치켜세웠다. 어느 날, 클라리스는 나를 데리고 라데팡스로 갔다. 한 아름이 넘는 시멘트 기둥에는 각종 방이 붙어 있었다. 클라리스는 구직광고를 모아 전화를 돌리고 돌려 일자리 하나를 겨우 찾아 새 출발을 시작했다.

그러던 중에 백인 에레미스트들로부터 자신이 장애 수당을 받을 수 있다는 정보를 입수했다. 그것은 꼬토렙(COTOREP)이었다. 그 수당을 받으면서 그녀는 직업을 전환하려고 10개월 동안 연수를 받았다. 마침내 클라리스는 어느 대학 도서관에서 책을 정리하는 직원이 됐고, 곧이어 베냉에 있는 남동생을 데려왔다. 그 남동생은 파리 13대학 스포츠학과 학생이 되었다.

남동생을 데려오는 데 쓴 경비는 클라리스가 에레미와 꼬토렙을 저축해 모은 것이었다. 어떤 이들에게는 술 한 잔 마시고 날려버릴 돈일 수도 있겠지만 클라리스에게는 꿈을 이루는 디딤돌로 쓰였다. 정부가 주는 수당이 이처럼 여러 사람을 구제할 수 있다는 사실을 그때 처음 알았다. 그 후 난 복지국가가 얼마나 중요한지 자주 생각하게 되었다.

지금 우리 곁에는 제2, 제3, 제4의 클라리스가 살고 있다. 누군가 그들에게 기본소득을 매월 제공해 준다면 어떨까. 그들은 분명 꿈을 꾸고 어깨를 편 채 당당히 거리를 활보할 수 있을 것이다. 그렇게 되었을 때 우리 헌법에 장신구처럼 매달았던 "모든 국민은 인간다운 생활을 할 권리를 갖는다"라는 명제가 현실로 구현될 것이다. 4차 산업혁명과 코로나19 상황에 직면한 지구촌은 기본소득제 논의를 부랴부랴 하느라 정신이 없다. 하지만 이보다는 좀 더 큰 대의명분을 위해 기본소득제를 논의할 수 있어야 한다. 그것은 휴머니즘 정신에 입각한 인간존중이다.

이 책은 인간의 위엄을 지킬 수 있게 해주는 기제로 기본소득을 이야기하고, 기본소득에 대해 세계 각국은 어떤 움직임을 보이는지 그 동향을 소개했다. 아울러 사람들이 기본소득에 관심을 가지고 적극적으로 기본소득 운동에 동참할 수 있도록 견인

차가 되고 싶었다. 마하트마 간디는 "훌륭한 생각은 처음에는 조롱받고 공격받지만 결국 받아들여진다."라고 말했다. 기본소득 역시 받아들임의 여정을 걸어갈 것이다.

최인숙

1. 기본소득의 역사와 개념

최인숙

기본소득, 이 시대의 절박한 구조요청(SOS)

인간다움의 권리를 위한 정책

대한민국 헌법 제34조에는 "모든 국민은 인간다운 생활을 할 권리를 가진다. 국가는 사회보장·사회복지의 증진에 노력할 의무를 진다."라고 명시하고 있다. 그러나 이 법 조항은 언제 실현될 수 있을지 알 수가 없다. 4차 산업혁명과 코로나19로 인간답지 못한 생활을 하는 사람들은 더욱 늘고 있다. 2018년 한국의 빈곤율은 OECD 평균율을 훨씬 뛰어넘고, 특히 노인빈곤율은 최고치(0.44)를 기록했다. 청년실업률은 한계를 넘었다. 무료급식소로 모여드는 청년들은 자꾸 늘어만 간다.

〈그림 1〉 세계 여러나라의 빈곤율 비교

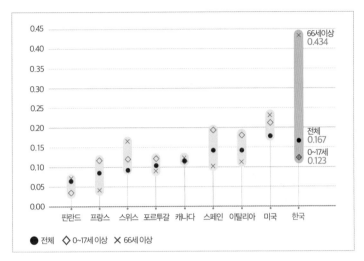

출처: OECD, 2018.
https://data.oecd.org/fr/inequality/taux-de-pauvrete.htm#indicator-chart

미래가 막막한 이들에게 국가는 무엇을 해 줄 것인가. 내년 대선을 앞두고 대권 주자들은 자신이 정권을 잡으면 공정한 세상을 만들겠다고 야단들이다. 그러나 이번에도 역시 후보들은 입으로만 공정을 외치고 구체적인 정책은 없다.

대선을 맞아 한 정당은 당 대표와 대변인을 청년으로 바꾸고 새 단장을 했다. 그러나 그보다 더 중요한 것은 공정에 목소리를 높이는 한국의 수많은 청년에게 이를 실현할 수 있는 정책을 제시할 수 있어야 한다. 청년들이 생기를 되찾고, 실업자들이

한순간이라도 허리를 펼 수 있도록 좀 더 현실적인 정책으로 승부수를 둬야 한다. 그 정책으로 기본소득을 권하고 싶다. 기본소득이야말로 공정을 실현하는 가장 좋은 수단이기 때문이다.

불안 탈출 프로젝트

이 불안정한 상황에서 불안으로부터 탈출하기 위해 긍정적이고 건설적인 대안과 미래적인 아이디어가 나와야 한다. 학생들, 실업자들, 그리고 구직을 하지 못했거나 직장을 잃고 불행한 하루를 시작해야 하는 그들에게 의욕을 되찾아 줄 프로젝트가 필요하다. 그것이 바로 기본소득이다. 그간 기본소득은 유토피아로 간주 돼 왔다. 판타지라며 기본소득을 맹공격하는 사람들이 대다수였다. 하지만 이러한 편견은 사라져야 한다. 기본소득은 모든 사람에게 어떠한 의무도 부과하지 않고, 반대급부 없이 자동으로 지급된다. 윤곽을 잡고 개념을 분명히 해야 할 큰 과제가 아직 남아있지만 가난하고 불안정한 사람들이 어두운 터널을 뚫고 안정으로 나갈 수 있도록 하기 위해서는 기본소득이 하나의 좋은 대안이다.

재분배 원칙의 사고 전환

물론 모두가 기본소득을 찬성하는 것은 아니다. 어떤 사람들은 불안정한 젊은이들과 노동의 변화에 해답을 주는 해방의 도

구로 보고 환호하지만, 어떤 이들은 노동의 가치를 부인하고 버려두는 것으로 간주한다. 현재 기본소득 실험은 지방정부 차원에서 여기저기 한참 진행 중이다. 한국도 경기도에서 다양한 기본소득제가 실험되고 있다. 모든 국민이 인간다운 생활을 하려면 기본소득이 최선의 정책일 수 있다. 현행 사회보장제도로는 모든 국민의 안전을 보장할 수 없기 때문이다. 지금 사회보장제도의 재분배 원칙은 고소득자가 저소득자를 지원하지 않고 현역세대가 고령자세대를 지원한다. 이 시스템은 가구 인원수의 차가 현역세대에게 부담이 되고 있다. 그러므로 다액 기본소득제에 의한 재분배는 빈곤 대책의 효율적인 재분배가 가능하게 되므로 빈곤을 실효성 있게 구제할 수 있다.[1]

모든 개인은 사회적 부의 창출자

기본소득은 로봇과 정보혁명 시대 경제 변화에 대처할 수 있는 하나의 수단이다. AI 시대 일자리의 속성이 바뀌고 인간노동은 대체되고 있다. 일자리의 재정비가 불가피하다. 기본소득은 이로 인한 악영향을 최대로 줄여줄 수 있는 '안전망'으로 기대된다. 새로운 변화가 필요로 하는 능력을 갖추지 못한 사람들에게 살아갈 수 있는 소득을 마련해 준다. 부진한 경제성장 속에서 기본소득은 결국 참여나 협동 생산의 목적으로 발전하는 새로운 기여 활동의 기능을 보장하면서 부의 재분배를 가능하게 해 줄 것이다.

모든 사람에게 기본적으로 소득을 분배하는 대의명분은 또 있다. 이들은 사회 구성원으로서 사회적 부의 창출에 이바지했기 때문이다. 기본소득은 이를 보상해 주는 것이다. 연대나 원조 차원을 넘어 사회 정의 차원에서 소득에 대한 인간의 근본적 권리 실현이다. 현행 사회 최저수당은 수령자를 채무자로 취급하지만, 기본소득은 사회적 부를 창출하는 참여자로 보기 때문에 권리자로 존중한다. 기본소득은 모든 시민의 활동이 사회적으로 쓸모가 있고, 그 활동이 사회에 이바지함을 인정함으로써 개인의 자율성 확장에도 권리를 부여한다. 또한, 부자들에게 세금을 많이 거둬 가난한 자들에게 재분배함으로써 사회적 불평등과 부당함을 줄이고, 소득의 격차를 줄일 수 있다.[2]

〈그림 2〉 한국의 지니계수[3] 추이

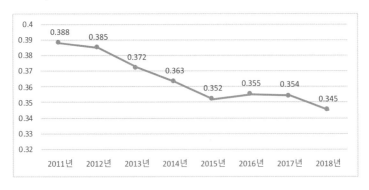

출처: KOSIS(통계청, 가계금융복지조사)

〈그림 3〉세계 여러 나라의 지니계수 비교(2018년)

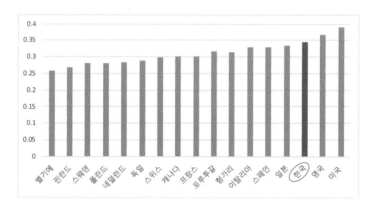

(한국 0.345)

출처: OECD Data, "In it Together: Why Less Inequality Benefits All."
https://data.oecd.org/inequality/income-inequality.htm

기본소득이란 무엇인가?

　기본소득은 국가 구성원 전체에게 개인을 단위로 조건 없이 주는 소득이다. 개인을 기본으로 한다는 것은 기존의 생활보장제도와 달리, 가구 단위가 아닌 개인 단위로 지급한다는 것을 다시 한번 강조한다. 기본소득은 16세기에 출현한 공적 원조(public assistance) 모델과 조건부 최저임금제를 확대한 것이다. 현물이 아닌 현금으로 개인에게 지급하는 것이 원칙이다. 또한, 저당을 잡지도, 세금을 부과하지도 않는다. 완전 기본소득은 보편성(universality), 무조건성(unconditionality), 개별성, 현금성, 충분성, 이 5대 조건을 갖춰야 한다. 자산조사(means-test) 없이 누구에게나 가구가 아닌 개인에게 현금을 지급하는 것이 기본소득의 핵심이다. 자동화로 비롯된 1%의 가진 자와 99%의 없는 사람들을 위한 대안적인 복지제도라고 말하기도 한다.

　기본소득은 모두에게 주는 보편적 수당이라는 점에서 기존의 최저임금제나 생활임금제와 다르다. 또한, 기존의 사회복지 체제보다는 효율적이고 투명하다. 그러나 이 기본소득은 새로운 상품이 아니다. 이미 일부 국가에서는 기본소득제를 가미한 수당들을 제공해왔고, 대표적인 예가 아동수당, 가족수당, 노령연금 등이다.

한국의 사회보장제도는 가구 단위에서 개인 단위로 제도의 기본 단위가 변화하고 있다. 이 방향을 기본소득은 궁극적으로 지향한다. '재산조사 없이'라는 것은 내용을 특정화한 것으로, 다른 소득의 유무와 관계없이 모두에게 일률적으로 지급된다. 따라서 기본소득은 보편주의가 원칙이다. 소득제한 없이 고소득층에게도 지급한다는 점에 주목해야 한다. 현재 한국에서는 생활 보장 수당이나 아동수당에 소득제한을 두고 있다. 하지만 기본소득은 이러한 제한을 부정한다. 우선 최저소득을 전원에게 보장하고 그것을 넘는 부분은 본인의 노력, 능력, 운과 시장에 맡기는 자유 방임주의가 기본소득제의 기본적 발상이다.

기본소득제는 취업 여부와 관계없이, 실직자들의 경우는 취업 의사와 관계없이 지급된다. 극단적으로 말하면 일하기 싫어하는 사람에게도 지급됨을 의미한다. 이는 많은 사람이 상식적으로 받아들이려 하지 않는 어려운 문제다.

또한, 기본소득은 모두에게 지급하는 것이 원칙이지만, 여기서 '모두'는 범위가 어떻게 되는지 생각해봐야 한다. 시민권을 소유한 사람에게만 기본소득을 주자는 조건을 붙이는 사람들이 많다. 이때 시민권은 국적 등의 '형식적 시민권'이라기보다 합법적 거주에 따른 '실질적 시민권'이다. 그러나 형식적이든 실질적이든 시민권을 가지고 있지 않은 시민은 기본소득에서 배제된다. 불법체류자나 외국인은 기본소득을 수급할 수 없다는 것이 암묵적으로 전제되어 있다. 재력이나 취업요건을 따지지 않는다면 시민권이라는 요건도 굳이 따질 필요가 있는가라는 문제 제기는 당연하다. 혹은 '지구시민권(Global citizenship)'이라는 처지에서 보면, 현재의 국민국가 시스템을 전제로 한 시민권에 구애받지 않아도 된다. 기본소득은 시민으로서의 권리 이전에 인간의 권리라고 보면 이 같은 문제는 자연히 사라질 것이다.

기본소득은 소득보장을 제외한 사회정책에 대해서는 중립적이다. 현행의 사회보장 제도의 현금급여는 물론이고, 현금급여에 관한 것들을 모두 폐지하고 기본소득으로 일원화해야 한다는 의견이 나올 수 있다. 완전 기본소득처럼 급여 수준이 충분하면 개인이 판단하여 위험 상황이나 긴급 상황을 대비해 저축이나 보험을 들어 준비할 수 있다. 이 경우 기본소득으로 미래를 대비하기 위해 보험을 들든지, 아니면 현재 소비를 즐기든지 그 선택은 본인의 자유다. 자유주의론자라면 이와 같은 논쟁을 할 수 있다. 물론 순수 자유주의자들은 소득재분배를 인정하지 않으므로 처음부터 기본소득을 인정하지 않을 수 있다. 그러나 최소한의 소득재분배를 인정하는 하이에크(Friedrich Hayek)나 프리드먼(Milton Friedman)은 기본소득이 바람직하다고 주장했다. 기본소득은 용도가 특정화된 현물급여보다 개인의 자유를 최대한 존중하기 때문이다.

어떤 이들은 의료, 복지, 교육 등 현행의 복지제도를 그대로 존속시킨 채 기본소득을 도입하자고 한다. 기본소득 지지자 중에는 이 방법을 가장 선호한다. 이러한 경우도 현행의 수당 수준을 올려야 할지, 현행대로 유지해야 할지, 아니면 내려야 할지에 대한 일치된 의견은 아직 없다. 기본소득 그 자체 논리에서 현물급여 방식이 도출되는 것이 아니기 때문이다. 기본소득이 소득보장을 위한 보험이나 부조 시스템과 부합하지 않는다고들 하지만 소득보장 이외의 현물급여를 존속할 것인지, 폐지할 것인지, 존속한다면 그 형태나 수준은 어떻게 해야 하는지 등을 고려해야만 한다.

기본소득은 언제부터 시작됐는가?

토마스 모어(1478-1535)[4]

기본소득은 최근에 등장한 단어가 아니다. 재난 기본소득, 농어촌 기본소득, 청년 기본소득 등 최근에 한국 사회에 자주 등장하지만 사실상 길고 긴 역사를 갖고 있다. 지금으로부터 약 500년 전 영국인 토마스 모어(Thomas More)가 기원이다. 인간에 관심이 많았던 모어는 1516년 사람이 살기에 적합한 이상의 나라를 상상해 '유토피아(Utopia)'를 썼다. Utopia는 그리스어의 'ou(없다)'와 'topo(장소)'의 합성어로 이 세상에 존재하지 않는 이상적인 나라를 가리킨다. 이 책은 인문주의자 에라스뮈스의 '우신예찬'과 아메리고 베스푸치

의 '신세계'로부터 큰 영향을 받았다. 카나리아 제도에서 아메리카 대륙까지 여행한 기록 '신세계'를 읽은 모어는 자연과 더불어 살며 사유재산이 없는 공동사회가 실재할 수 있음을 확신했다. 자연법과 자연상태가 선이라는 것을 증명하기 위해 유토피아라는 가공의 나라를 무대로 하여 자유롭고 평등한 이상사회를 그린 것이다.

또한, 모어는 잉글랜드에서는 땅 주인이나 장로들이 플랑드르와 양털 거래를 하기 위해 농장을 에워싸고 양을 기르고, 촌락공동체를 파괴하고 농민들을 추방하는 현상을 깊이 개탄하고, "양은 얌전한 동물이지만 영국에서는 사람을 모조리 먹어 치운다."라는 의미심장한 말을 남겼다.[5] 다시 말하면, 런던의 민선 행정관이자 정의로운 재판관이었던 모어는 '인클로저(enclosure)' 운동[6]으로 농민들이 농토에서 밀려나 도시 빈민으로 전락해 가는 것을 보며 인간이 노동에 속박되지 않고 생존을 보장받을 수 있는 것이 무엇인지 고민했다. 상상의 섬 유토피아가 그 고민의 결과다. 유토피아에서는 인간이 품위를 지키도록 기본적인 생필품을 국가가 제공한다. 이러한 나라는 현실적으로는 존재하지 않지만, 유토피아를 통해 현실의 세계와 비교해 보길 원했다.[7]

유토피아의 줄거리

초승달 모양의 섬 유토피아에는 인구 십만 명이 살고 있다. 육지로부터 멀리 떨어져 있지만 모든 것이 완벽하게 기능하고 있다. 그야말로 최상의 세계다. 이 섬에는 54개의 대도시가 있고, 이 도시들의 언어와 법률, 관습, 제도는 같다. 그리고 같은 계획에 의해 최대한 같은 모습으로 건설되어 있다.

수도는 섬의 중앙에 있는 아마우로툼(Amaurotum). 이곳에는 정부와 의회가 있어 각 지역으로부터 경험이 풍부한 연장자들이 모여 섬에 관한 문제를 토의한다. 유토피아의 주민들은 사유재산을 폐지하고 공동 소유를 원칙으로 한다. 집은 추첨을 통해 배분한다. 유토피아에는 다양한 종교가 공존하고 있다. 그러나 주민 대부분은 유일신을 믿는다. 그들은 신에게 감사한다. 신부들은 주민이 비밀투표로 뽑은 재판관이고 각 도시는 고위 성직자가 통치한다. 이들은 결혼할 수 있지만, 이들의 아내들은 성직을 맡을 수 없다.

유토피아에는 화폐가 없다. 주민들은 각자 필요에 따라 시장에서 필요한 물건을 구한다. 이 생필품은 노동에 의존하지 않고도 살 수 있게 보장한다. 모든 집은 모양이 비슷하다. 집에는 잠금장치가 없다. 그리고 한 곳에 뿌리박고 살지 못하도록 10년마다 이사를 해야 하는 것이 원칙이다.

이 섬에서 무위도식은 허용되지 않는다. 가정주부, 사제, 귀족, 하인 모두 일을 하므로 노동시간은 6시간이면 충분하다. 모든 주민은 2년간 농사를 지어야 한다. 간통하거나 이 섬을 탈출하려다 잡히면 자유인 자격을 잃고 노예로 전락한다. 노예가 되면 더 많은 일을 하고 복종해야 한다.[8]

토마스 페인(1737-1809)

　기본소득의 역사에서 빼놓을 수 없는 중요한 또 하나의 인물이 있다. 토마스 페인(Thomas Paine)이다. 페인은 영국 태생으로 자신의 모국뿐 아니라 프랑스와 미국에도 지대한 영향을 미쳤다. 1776년 출판된 Common sens(커먼센스: 상식)에서 페인은 "미국의 독립은 상식이다."라는 논리를 펼쳐 미국 독립을 이끌었다. 페인은 또한 "토지 정의(Agrarian Justice, 1797)"에서 청년취업준비금과 노인연금 지급을 포함한 최저소득보장을 주장했다.[9]

　이는 기본소득의 일종으로 재원은 토지 소유자들로부터 세금을 걷어 마련하겠다는 생각이었다. 본래 토지는 인류의 공유재산이고 전원이 토지를 소유할 권한을 갖고 있었지만, 사유재산

제도가 생기면서 토지의 소유권이 제한되고 빈곤 문제가 발생
했다. 따라서 토지세를 걷어 전 국민에게 기본소득을 지급하는
것은 '권리로서의 복지'를 기본 개념으로 하는 것이다.[10] 따라
서 토지 소유자에게 세금을 물려 이를 재원으로 하여 무조건 전
원에게 소득을 지급하는 기본소득을 구상했다. 자연권으로서의
기본소득은 '권리로서의 복지'를 기본으로 하는 것이다.

페인은 1791년 출판한 그의 저작 인간의 권리(Rights of
Man)에서 토지 귀족을 공격하고 세습군주제에 적의를 표명
해 영국 정부로부터 추방됐다. 프랑스로 망명한 페인은 콩도르
세(Nicolas de Condorcet)와 함께 프랑스 헌법 초안을 작성했
다. 그리고 1792년 프랑스 북부 칼레(Calais) 지역의 의원이 된
페인은 1795년 여름 의회 연단에 올라 다음과 같은 연설을 했
다. "각 시민에게 최소의 자원을 보장하지 않는다면 자유, 평등,
박애는 실현될 수 없다." 칼레의 의원 페인은 이 해 시장 경제
적 자본주의가 최초로 등장한 버크셔(Berkshire)에서 자동생
산 형태의 파괴와 성장으로 재앙이 찾아오자 스피넘랜드 제도
(Speenhamland system)를 생각했다.

1795년 5월 6일 버크셔 판사들은 스피넘랜드 펠리컨(Pélican)
주막에 모여 가난한 사람들에게 인상된 빵값을 위해 보조금을
지원하는 것을 내용으로 하는 스피넘랜드 제도를 만들었다. 빈
민의 최소 삶을 보장하는 생존권을 인정하고 모든 생산 활동과

는 무관하게 최소소득을 보장함으로써 사회의 붕괴를 막기 위한 것이었다. 이는 아마도 사회경제적 관점의 최초 시도이자 경험이었다. 스피넘랜드 제도는 임금을 생활비 이하로 줄여야 하는 피고용인들을 보조하기 위해 공공재원을 이용했다.[11]

1795년부터 1834년까지 시행되었던 스피넘랜드 제도(Speenhamland system)는 때때로 기본소득의 파이오니아로 언급된다. 최저 생활비 보장을 목적으로 하여 모든 사람에게 생존 가능한 수준의 소득을 부여하기 위해 저임금노동자의 임금에 가족수당이나 아동수당과 같은 보조금을 포함해 인상했다. 엘리자베스 구빈법과 달리 모두가 생존할 수 있도록 일정한 수준의 소득을 부여하려는 시도였다.[12]

기본소득의 다양한 이론과 재점화

1918년 밀너(Dennis Milner)는 개인이 생활하기 충분한 수당을 중앙기금으로부터 받는 국가 특별수당을 구상했다. 이는 기본소득에 큰 영향을 미쳤다. 그 후 더글러스(Clifford Hugh Douglas)는 사회 신용론을 제안했다. 이 제안은 수요의 유지와 소비지출의 증가를 위한 것이었다.

미드(J. E. Meade)는 '복지국가 속의 빈곤'에서 환경문제와 기본소득을 연계해 논의하고 있다. 각종 경제활동에 따른 정체, 오염, 자원이용이 가져오는 심각한 환경문제도 언급하고 있다.

외부불경제의 사회적 비용을 조달하기 위해서는 조세나 부담금 등을 부과함으로써 활동을 억제할 것을 제안했다.

그럼에도 불구하고 기본소득의 개념 구상에 가장 큰 영향을 미친 것은 비버리지 보고의 대안으로 줄리엣 리스-윌리엄스(Juliet Rhys-Williams)가 제안한 신사회 계약이다. 조세와 급여의 통합을 지지하고 있는 윌리엄스의 생각은 프리드먼의 '음의 소득세' 구상에 영향을 미쳤다. 1964년 영국 노동당은 '조건 없는 소득보장'을 제안했다. 보수당 정부는 저소득층을 위한 공적 부조로 택스 크레디트(Tax Credit)를, 노동당(1978)은 아동수당을 도입했다. 이 수당들은 기본소득의 아류이다. 그후 자유민주당은 강령으로 기본소득을 추진했고, 녹색당도 마찬가지였다. 오늘날 우파는 기본소득을 효율적이고 유연한 노동시장을 만들기 위한 수단으로 보고 있고, 중도파는 복지국가 활성화를 위한 수단으로, 그리고 좌파는 복지 사회주의로 나아가기 위한 발판으로 삼고 있다.

그러나 기본소득 논의가 본격화된 것은 1980년대 이후 유럽에서다. 그 배경을 우에다는 다음과 같이 분석한다.[13]

첫째, 노동 형태의 변화다. 세계화로 인한 실업률이 증가하고, 파트타임, 비정규직 등 고용형태가 다양화되자 불안전 고용이 증대하기 시작했다. 90년대 들어 장기 실업 등 사회로부터 소외되는 사회적 배제 문제가 심각했다. 완전고용의 형태로 생활을 보장하고, 사회보험에 가입함으로써 위험에 대처할 수 있다고 본 시스템이 더 작동하지 않게 되었다.

둘째, 가족 형태의 변화다. 전후의 복지국가에서는 가족을 부양하는 남편, 가사노동에 종사하는 전업주부를 전형적인 가족 모델로 삼아 사회보장이나 세제를 디자인했다. 하지만 직장 여성이 증가하고, 또한 미혼율, 1인 가구의 증가로 가족의 형태가 다양화됐지만, 남녀의 역할 분담은 좀처럼 해소되지 않았다. 즉, 복지를 수급하는 가족의 형태가 변했다.

셋째, 환경의 중요성이 주목받았다. 종래의 복지국가가 추구했던 사회정책은 경제성장 위주의 생산지상주의를 원칙으로 하였기 때문에 환경파괴의 위험성이 컸다. 그러나 1980년대부터 인간 생활의 기반을 위협하는 환경파괴를 문제 삼고, 환경과 조화를 이룰 수 있는 지속 가능한 경제발전이 전개되기 시작했다. 탈생산주의적인 복지국가로의 개혁은 기본소득제가 필요하였다.

〈표 1〉 기본소득의 역사

시기	인물 제도	개요
1770년대~제1차 세계대전까지	Thomas Paine	무조건 일괄지급 수당과 시민연금 편성을 제창
	Speenhamland system(빈곤 보조제도)	무조건 일괄지급 수당과 시민연금 편성을 제창
1770년대~제1차 세계대전까지	Dennis Milner	국가 특별수당 구상
	Clifford Hugh Douglas	사회 신용론 제안(Social credit)
	J. E. Meade	기본소득(Basic income) 도입 제창
케인즈 비버리지 시대	Juliet Rhys-Williams	'신사회계약'에서 사회배당(Basic allowance) 제창
	Milton Friedman	음의 소득세
	노동당	조건 없는 소득보장제 도입 제안. 아동수당도입. 기본소득과 유사
	보수당 정부	세액 공제(tax credit)
	자유민주당	강령으로 기본소득 추진 시작
	녹색당	기본소득 제창
현재	우파	효율적이고 유연한 노동시장을 창출하는 수단
	중도파	복지국가 재활성화 수단
	좌파	복지 사회주의로의 디딤돌

출처: Fitzpatrick(1999)

기본소득에는 어떤 것들이 있을까?

기본소득은 정의에 따라 천차만별이다. 그렇지만 이론적으로 세 가지 유형으로 분류된다. 하나는 완전 기본소득(Full Basic Income=FBI)이다. 이 모형은 인간이 생존하는 데 기본적으로 필요한 것들을 충족시켜 줄 수 있다. 다른 하나는 부분적 기본소득(Partial Basic Income=PBI)이다. 이 모형은 다른 사회보장 급여 등으로 보충할 필요가 있는 기본소득이다. 마지막으로 과도기적 기본소득(Transitional BI=TBI)이 있다. 이는 완전 기본소득과 부분적 기본소득을 도입할 때까지 과도기적인 조치의 모형이다.[14)]

이 밖에도 기본소득을 보장하는 제도에는 '음의 소득세(negative income tax, NIT)' '참가소득', '사회배당' 세 가지가 있다. 음의 소득세는 프리드먼이 1962년 그의 저서 〈자본주의와 자유(Capitalism and Freedom)〉에서 제안했고, 최근에는 드 바스키아와 코엥(De Basquiat et Koenig 2014)이 재점화하고 있다.[15] 프리드먼과 많은 학자는 소득세를 재원으로 하는 기본소득과 음의 소득세는 같은 것이라고 주장하기도 한다.

〈그림 4〉 기본소득의 종류

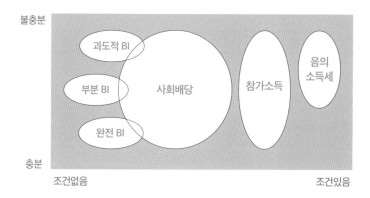

출처: Fitzpatrick(1999)

그러나 엄밀한 의미에서는 음의 소득세와 기본소득은 차이가 있다. 먼저 음의 소득은 일정한 수입이 없는 사람은 세금을 내지 않고 정부로부터 수당을 받는다. 또한, 가구 단위로 재산 유무를 조사해서 이를 근거로 사후에 수당을 지급한다. 하지만 기본소득은 재산 유무와 관계없이 사전에 개인에게 지급한다.

〈표 2〉 음의 소득세와 기본소득의 차이

시기	음의 소득	기본소득
자격요건	합법 거주	합법 거주
재산조사, 다른 소득의 유무	유무를 물음	유무를 묻지 않음
지급 시기	사후	사전
지급대상	가족/가구 단위	개인
노동 이행	요구하지 않음	요구하지 않음

출처: Parijs(1992)

참가소득은 앳킨슨(Anthony Atkinson)이 제창한 것이다. 앳킨슨은 시민으로서의 사회적 책임을 중요시하여 행동하지 않는 소극적 시민에게까지 무조건 주는 기본소득을 우려했다. 기본소득 수급 조건으로 직업훈련이나 교육을 받는 일, 아동, 고령자, 장애인 등을 돌보는 일, 인정된 자원봉사 활동에 참여하는 일 중 한 가지라도 충족시킬 것을 제안했다. 이처럼 앳킨슨은 시민사회에 적극적으로 참여하는 사람에게 최소한의 소득을 보장해 줘야 한다고 보고 있다.

반면에 피츠패트릭(Fitzpatrick)은 이 참가소득을 실시하기 위해서는 시민사회에 적극적인 참여 의사가 있는지 없는지를 누가 어떻게 판단할 것인지, 그리고 그 판단을 했다 할지라도 돌봄이나 자원봉사 활동을 했다는 사실을 어떻게 증명할 것인지 등 어려움이 많다고 반박한다.[16) 사회배당은 '생산수단의 사회적 소유나 자산 소유의 불평등 시장과 연결된 것으로 미드의 지론 외에 로마의 시장 사회주의에서 등장하는 최저 소득보장 구상'이다. 피츠패트릭은 그의 저서 '자유와 보장 기본소득 논쟁'에서 "기본소득 구상을 생산수단의 집단적 사회적 소유형태와 결합한 것이 사회배당"이라고 주장하고, 사회배당, 참가소득, 음의 소득은 기본소득의 이데올로기적 변종이라고 구별하고 있다.

서구에서 기본소득제가 제기된 것은 기존의 사회보장제도나 최저임금제 등의 한계를 극복하기 위한 대안으로서였다. 최저임금제나 생활임금제는 과거 사회복지정책의 바탕을 이루고 있었지만, 이제는 기본소득제가 논의되고 있어서 앞으로는 많은 국가가 기본소득제로 전환할 가능성을 염두에 둬야 한다.

고용의 형태가 디지털화되면서 기존 노동의 형태가 사라지고 자동화로 인해 실직의 위험이 커졌을 뿐만 아니라 노동, 가족, 여가와의 불균형이 심각하다. 특히 기존의 사회보장제도가 고용인-피고용인 계약에 기반을 두고 있고 대다수 노동자가 전통적 형태의 고용 상황인데 OECD 국가에서 50%의 구직자가 실업급여를 받고 있다. 빈곤층을 위한 최저임금 급여와 같은 저소

득층의 사회안전망이 여전히 접근하기 어려운 데다가 이러한
급여에 대해 부정적인 꼬리표가 붙고 있다.

기본소득을 둘러싼 논쟁

프로 기본소득자들의 논리

기본소득제를 환호하는 사람들은 주로 자유주의자, 환경론자, 페미니스트들이다. 이들은 기본소득제가 현재 정부가 제공하는 복지 수당보다 빈곤에 더 효과적인 조치가 될 수 있다고 주장한다. 기본소득의 무조건성은 간편성과 이해의 용이성으로 현재 존재하는 수당들을 긴축하거나 통폐합하는 것보다 더 큰 장점을 갖고 있다. 기본소득의 무조건적이고 자동적인 지급은 잔류 부분 사용금지에 대한 논쟁을 막을 수 있다. 그리고 기본소득의 보편성은 수혜자들에게 상처를 줄이는 효과가 있다. 이 두 특징은 사회수당의 심사비용을 줄이고 부정행위를 막을 수 있다. 결국, 모두에게 지급하고 근로소득과 함께 누적해 휴직자가 수렁에 빠지지 않게 하고, 초과소득 전체를 유지하면서 개인이 직업 활동을 재개하거나 확대할 수 있다.

예를 들면, 밀롱도는 소득재분배와 사회 정의 실현의 관점에서 기본소득을 환호한다. 그는 복지의 부정수급 방지와 비용 절감 차원에서 기본소득을 선호한다. 사회보장 제도는 복잡다단한 것들을 한곳에 모은 것으로 중복 수령의 우려가 있으며, 지급 조건이나 처리기관도 저마다 다르다. 복잡하게 얽힌 이러한 제도를 수령자가 잘 알 수 없고 담당자도 잘 모르는 경우가 많다. 이러한 사회보장 제도를 기본소득제는 간소화한다. 그 때문에 행정의 운용 비용은 삭감된다. 모두에게 무조건 주기 때문에 심사 창구 앞에서 불편을 느낄 필요가 없으므로 기초생활 보장과 다르다고 보는 것이다.[17]

사회 최저급여를 받으려는 수령자는 그 대가로 무엇인가 행할 것을 약속한다. 사회 동화를 위한 교육과정을 참여하거나 적극적인 구직 활동 등을 하는 것이다. 그러나 소외계층에게는 이러한 요구 자체가 큰 부담이 될 수 있어 결국 지원받기를 포기한다. 그리고 심사는 행정 비용과 수령자가 느끼는 심리적 비용을 높인다.

그러나 기본소득을 실시하면 부정수급자나 수급 누락이 발생하지 않는다. 생활보장 대상자를 선별하기 위해서는 엄격한 심사가 필요하므로 비용이 많이 든다. 또 생활보장 대상자에게 지급되지 않을 가능성도 있다. 심사가 엄격히 이루어지고 있음에도 불구하고 부정수급자는 증가하고 있는 것이 현실이다. 이러한 문제는 기본소득 도입으로 해결될 수 있다. 기본소득은 전

국민에게 무조건 주는 것이므로 심사가 필요 없다.[18]

기본소득은 빈곤 해소와 범죄방지의 효과가 있다. 누구든 생계 걱정 없이 안심하고 생활할 수 있게 해 준다. 다시 말하면 가사노동을 하는 전업주부처럼 임금노동에 종사하지 않는 사람에게도 독립된 소득을 지급하는 것이 가능하다. 남편은 직장에서 일하고 부인은 가사 일을 하는 봉건적 성별 분업에 기반한 가족상을 불식하고 개인의 독립을 촉구하는 효과가 있다. 그리고 노동시장의 이중구조화가 진행되고 불안정한 노동임금에 의존하는 사람들의 생활을 해방하고, 현행의 사회보장 제도의 한계를 극복한 보편적인 세이프티 네트를 국민에게 제공하는 것이다.

소득과 노동을 분리하고, 사람들에게 안정된 소득을 제공하는 것이 가능하다. 게다가 재산조사에 따른 사람들의 치욕감을 없애고 실업, 빈곤으로부터 탈피하는 것이 가능하다. 현행의 생활 보장 제도로는 보호의 급여를 받기 위해서 소득이나 자산 등을 조사하는 재산조사를 받아야 하고 보호의 대상으로서 인정되지 않으면 수급할 수가 없다. 다시 말해, 일정한 기준에 따라 수급자격을 주는 선별적 시스템이기 때문에 수급 대상자는 20% 정도일 뿐이다. 또 선별적이기 때문에 수급하는 것을 부끄럽게 생각하는 경향이 있다.[19]

마지막으로 기본소득은 폭력 등 범죄를 예방할 수 있다. 그 예를 보면 1974년 캐나다 퀘벡주에 있는 도핀(Dauphine) 시의 기본소득 실험 결과 가정폭력이 감소하고, 육아 휴직 기간이 길어진 것을 발견했다. 이 외에도 주민의 정신 건강이 개선되고 학생의 학업 성적이 향상되는 등 파급효과가 큰 것을 확인하였다.

피츠패트릭은 "기본소득이 보장되면 생존을 위한 노동을 강요당하지 않으므로, 더 많은 일을 하고 싶은 사람은 자신의 의지로 그러는 것이고, 금전에 큰 가치를 두고 있다고 생각할 수 있다.[20] 반면에 더 적게 일하는 사람은, 시간에 큰 가치를 두고 있다고 생각할 수 있다"라고 규정하면서 전자를 'crazy', 후자를 'lazy', 중간을 'hazy'라고 불렀다. 기본소득제가 도입되면 이 중 어떤 타입의 삶을 선택하든 그것은 자유다.

벨기에 정치철학자 파레이스는 기본소득 이념이 자유로운 사회의 실현이라고 보며 그 특징을 권리보장, 자기 소유, 기회의 최대화라고 주장한다. 그는 소득이 실직 비용을 감소시킴으로써 노동자의 권한을 증가시키고, 개인의 자율성을 고양하며, 사람들이 일하고 싶은 종목이나 장소를 선택할 수 있는 많은 자유를 누릴 수 있는 이점이 있다고 주장한다.

프란세즈와 프라디(Francese and Prady)는 기본소득과 관련하여 첫째, "왜 무슨 목적으로 하는지(why? what goals?)", 둘째, "누가 하는지(who?)" 보편적인지(universality), 셋째, "무엇을 얼마나 많이 하는지(what? how much?)", 넷째, 월별이나 연별로 주는 것인지 아니면 한 번에 총액을 주는 것인지

(when?)에 대한 기본적인 질문을 통해 기본소득의 개념을 제시하고 있다.[21]

이와 관련하여 다음 네 사람 사이에는 견해 차이가 있다. 페인(Thomas Paine)의 "땅 지대(ground-rent)", 프리드먼(Milton Friedman)의 "음의 소득세(negative income tax)", 앳킨슨(Atkinson)의 "참여소득(participation income)", 파레이스(Van Parijs)의 논리 간 차이를 설명하고 있다.

〈그림 5〉페인, 프리드먼, 앳킨슨, 파레이스의 기본소득제 차이

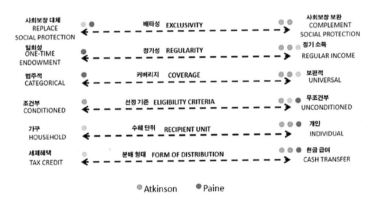

출처: Francese and Prady(2018)

안티 기본소득자들의 논리

기본소득을 반대하는 사람들도 많다. 이들은 기본소득이 현실적으로 실현 불가능하고, 또한 기본소득은 불로소득과 노동의욕 저하의 요인이 된다고 주장한다. 대표적으로 프랑스의 사회학자 아즈나르(Guy Aznar)는 기본소득을 "상상할 수 있는 한 가장 해롭고, 가장 위험하며, 더없이 파괴적인 것"으로 규명하고 크게 반기를 들고 있다. 그는 "기본소득은 개인을 사회에 종속시키며, 개인의 사회화를 파괴하고, 노동의 가치를 욕되게 하며, 사회적 소외를 자발적으로 유도한다고 말한다. 또 기본소득은 일할 권리를 부정한다는 것이다. 만일 취약한 노동시장이나 실업 문제를 개선하고 싶다면 개인에게 소득을 받을 권리가 아닌 일할 권리를 확보해 줘야 한다. 기본소득의 형태로 부를 재분배하는 것은 활동인구 일부를 노동시장으로부터 격리하는 것을 정당화하고 그러한 현상을 강화하는 것일 뿐이다"고 주장한다.[22] 그 이유는, 기본소득이 실현되려면 먼저 거액의 재원이 필요하다. 따라서 현실적으로 재원 확보가 어려워 기본소득의 실현은 불가능하다고 본다.

반대자들이 내세우는 또 하나의 논리는 기본소득이 불로소득을 부추긴다는 것이다. 기본소득은 '일하지 않는 자 먹지도 마라'는 근로 도덕 개념에 어긋난다는 것이다. 기본소득은 최소한의 생활을 보장하므로 노동을 거부하는 사람들이 증가하는 것은 아닐까 하는 도덕적 우려도 들어 있다. 노동의 인센티브가 감소하므로 불로 소득자가 증가할 수 있다는 지적이다. 또 생활에 필요한 소득을 노동으로 얻는 것을 전제로 한 사회가 변화하고, 장시간 노동자와 실업자로 이분화시키는 큰 문제가 있다.

이를 반박하는 피츠패트릭(1995)의 논리를 우에다는 다음과 같이 요약하고 있다.[23]

먼저, '자연과 과거로부터 물려받은 설'이다. 일할 능력은 있는데 일하려고 하지 않는 사람에게는 기본소득을 지급해서는 안 된다고 하는 불로소득 반대론이다. 일하지 않는 자는 먹지도 말라는 발상이다. 그러나 기본소득의 재원인 생산물은 '현재의 노동', '자연', '과거의 노동'이라는 세 가지로부터 유래하고, 이 중 한 가지라도 결핍되면 안 된다. 자연의 혜택, 과거 인간노동의 성과는 모든 인간이 평등하게 누려야 하는 것으로 현재 일하지 않는 사람도 '자연'과 '과거의 노동'에서 유래하는 부분을 누릴 권리가 있다. 따라서 불로 소득자에게도 기본소득을 누릴 권리가 있다는 주장이다.

다음은 '고용렌트설'이다. 고용된 사람은 다른 사람의 고용기회를 빼앗고 있다는 것이다. 현재 일하고 있는 사람을 해고하고 보다 값싼 임금으로 일해 줄 사람을 고용하면 이익이 될 것 같지만, 실제로는 여러 문제가 발생하므로 이익은 얻을 수 없다. 이때 현재 일하고 있는 사람보다 저임금으로 일하는 사람과 임금의 차액을 고용렌트라고 한다. 현재 일하고 있는 사람은 이 고용렌트를 독점하고 있는 것이 된다.

기본소득은 불로 소득자를 양산할지 모르지만, 이는 사회에 따라 필요악이라고 생각하는 사람이 있다. 불로 소득자의 판단 여부는 어려운 일로 이를 선별하는 데는 금전적 부담이 크고, 사생활을 침해하게 된다. 게다가 기본소득의 수준은 최저한의 생활을 보장하기 때문에 사치하고 싶은 사람은 결국 일을 해야만 된다고 생각하는 사람도 있다.

기본소득을 반대하는 또 다른 입장은 기본소득이 노동 의욕을 감퇴시킬 것으로 예상한다. 하지만 기본소득이 도입된다면 노동 의욕이 정말 상실될까? 이에 대한 답은 그리 간단치 않다. 급여액에 따라 다를 수 있기 때문이다. 소득 수준이 높을수록 노동 의욕은 저하 된다. 그러나 적으면 그렇지 않다. 일본의 한 교수가 학생 30명에게 월 50만 엔(약 500만 원)을 기본소득으로 받는다면 취업을 할 것이냐고 물었다. 학생 전원은 취업하지 않겠다고 응답했다.[24]

한편 지금까지 실시된 기본소득 실험에서는 월 30만 원에서 150만 원 정도였지만, 이 정도의 소득으로는 노동시간이 거의 줄지 않는다. 퀘벡주 도핀(Dauphine)에서 실시한 실험에서는 전 노동시간이 남성은 1%, 기혼여성은 3% 정도 감소했다. 이는 아이와 함께 노는 시간을 늘리기 위해서였다. 따라서 사회적으

로 바람직한 노동의 감소로 볼 수 있다.[25]

소득 수준에 대한 논의는 하지 않고 기본소득이 노동 의욕의 저하를 초래한다고 단정하는 사람들이 적지 않은 이유는 기본소득이 각 개인의 활동과 무관하게 동일 소득을 주는 제도라는 착각을 일으키는 면도 있다. 일해서 벌어야 할 소득을 국가가 모두에게 균등히 배분한다는 '공상적 사회주의'처럼 오해를 받는 것이다. 이는 기본소득 지지자들이 기본소득은 '노동'과 '소득'을 분리한다고 선전하면서 오해를 불러일으킨 측면도 있다.

기본소득제 도입으로 매월 70만 원을 받아도 노동으로 2백만 원을 버는 사람은 지금처럼 세금을 공제한 나머지는 자신의 수익이 된다. 기본소득은 생존에 필요한 최저한의 돈으로 '노동'과 '생존'을 분리하는 것이지, '노동'과 '소득'을 분리하는 것이 아니다.

기본소득으로 70만 원을 받아 최저의 생활을 하는 사람이 직장을 구했다 할지라도 소득은 변하지 않는다. 이 점이 생활 보장 수당과 크게 다르다. 만약 생활보장 대상자가 노동으로 임금을 받으면 그 임금만큼 소득이 준다. 따라서 생활 보장 수당은 일할 의욕을 떨어트려 빈곤 탈출을 어렵게 한다.

아프리카에 있는 라이베리아 공화국에서는 알코올 중독자, 마약 중독자, 그리고 경범죄를 지은 사람들에게 기본소득으로 200달러(약 20만 원)를 주는 실험을 했다. 결과는 이들이 기본소득을 받아 술을 마시거나 마약을 하기보다 식료품이나 의복, 의약 등 생활에 필요한 물품을 구매했다. 이는 기본소득이 '노동 의욕을 감퇴시키고 사람들을 타락시킨다.'라는 말이 편견임을 확인하게 한다.

세계 시민들은 기본소득을 환영할까?

    한국도 근래 기본소득에 관한 관심이 커지고 있다. 갈수록 기본소득 연구를 하는 학자들이 늘어나고 있어 2009년에는 기본소득 관련 논문이 2편에 불과했으나 2010년에는 6배 증가해 12편으로 늘었고, 2016년에는 33편으로, 2017년에는 77편에 달할 정도로 관심이 급증하고 있다. 언론도 큰 관심을 두고 보도하자 국민도 기본소득에 관한 관심이 증가하고 있다. 그러나 아직은 기본소득에 대한 호불호가 극명하게 엇갈린다.

    기본소득에 대한 여론을 살펴보면 기관별로 천차만별이다. 물론 여론조사 시기가 각각 다르고 대상도 달라 비교는 어렵다. 단지, 한림대와 문화일보의 조사결과를 보면 기본소득에 대한 여론이 상당히 호의적이다. 반면에 보수신문인 매일경제와 현대경제연구원의 조사결과는 기본소득 반대 여론이 압도적이다. 이처럼 기본소득에 대한 여론이 기관별로 다르니 우리가 지금 어디쯤 있는지 가늠하기가 어렵다.

〈표 3〉 기본소득에 대한 한국인의 여론

조사기관	일시	대상	찬성	반대
문화일보	2017.3.28.~30	전국 성인남녀 1,009명	22.60%	22.60%
엠브레인	2016.07.12.~15	전국 19~59세 1,000명	50.50%	28.80%
한겨레 21	2016.12.20.~23	전국 성인남녀 1,042명	49.40%	42.20%
매일경제	2017.02.17.~18	전국 성인남녀 1,000명	30.50%	50.80%
서울대 사회정책연구그룹	2010.11.15.~12.15	전국 성인남녀 1,209명	42.80%	36.80%
서울대 사회정책연구그룹	2012.01.9.~2.1	전국 성인남녀 1,210명	37.70%	43.70%
현대경제연구원	2016.06.14~23	전국 성인남녀 1,012명	20.60%	75.40%
한림대 세대공생연구팀	2016.08	전국 성인남녀 502명	62.7%	37.3%

출처: 김교성·이지은(2017)을 참고로 저자 재작성

그렇다면 유럽에 사는 사람들은 사회수당이나 기본소득에 대해 어떤 생각들을 가지고 있을까. 코로나19가 발생하기 이전과 이후의 상황은 다르다.

먼저 2016년과 2017년 ESS(European Social Survey)가 유럽 23개국에 사는 15세 이상 약 45,000명에게 "중간소득자와 고소득자가 책임을 지면서 최저 소득자에게만 사회급여와 서비스를 제공하는 것에 대해 어떻게 생각하는가?"라고 물었다. 결과는 찬성(45.4%)이 반대(54.6%)보다 적게 나타났다.

<표 4> 사회급여와 서비스를 최저 소득자에게만 제공

	빈도	%	찬/반 비율(%)
아주 반대	6,005	14.36	54.6
반대	16,827	40.23	
찬성	15,922	38.07	45.4
아주 찬성	3,071	7.34	
계	41,825	100	100

출처: ESS Round 8에서 산출

그리고 다음과 같은 질문도 던졌다. "비록 모두가 더 많은 세금을 내더라도 직장을 다니는 부모가 노동과 가사를 병행할 수 있도록 사회급여와 서비스를 도입해야 하는가?" 이에 대한 응답은 찬성이 58.4%로 반대 41.6%보다 상당히 높았다.

<표 5> 사회급여와 서비스 추가 제공

	빈도	%	찬/반 비율(%)
아주 반대	2,566	6.28	41.64
반대	14,451	35.36	
찬성	20,361	49.82	58.36
아주 찬성	3,490	8.54	
계	40,868	100	100

출처: ESS Round 8에서 산출

기본소득제에 대한 설문에 몇 가지 설명을 덧붙여 찬반을 물어보았다. 먼저, 정부는 모든 사람에게 생필품을 충당할 수 있도록 월 소득을 지급한다. 둘째, 기본소득은 다른 사회급여를 대체한다. 셋째, 기본소득의 목적은 모든 사람에게 최저생계비를 보장하는 것이다. 넷째, 모든 사람은 일하는 것과 관계없이 같은 액수를 받는다. 다섯째, 국민은 노동이나 다른 활동으로 벌어들인 돈은 그대로 보유한다. 이 기본소득은 세금을 지급한다. 이러한 다섯 가지 내용을 알려준 다음 기본소득제에 대한 찬반을 물었다. 조사결과 반대 45.8%, 찬성 54.2%로 찬성이 약간 높았다.

〈표 6〉 기본소득제에 대한 유럽인들의 여론

	빈도	%
아주 반대	4,888	12.04
반대	13,693	33.73
찬성	18,260	44.98
아주 찬성	3,751	9.24
계	40,592	100

출처: ESS Round 8에서 산출

다음은 기본소득제에 대한 세계 각국의 여론 동향을 살펴보았다. 헝가리, 리투아니아, 아이슬란드, 러시아, 슬로베니아, 포르투갈, 스페인, 이탈리아, 핀란드는 기본소득을 지지하는 비율이 꽤 높다. 반면에 영국, 네덜란드, 스페인은 찬반이 막상막하이고, 노르웨이, 스웨덴 등 스칸디나비아 국가에서 반대 비율이 높게 나타났다.

〈표 7〉 기본소득제에 대한 서구 여러 나라의 여론

	아주 찬성	찬성하는 편	반대하는 편	아주 반대
아이슬란드	16.1	50	25.6	8.4
스웨덴	5.5	32.0	27.1	35.3
노르웨이	2.8	30.9	48.7	17.6
핀란드	6.7	49.1	38.4	5.9
네덜란드	6.4	43.4	41.9	8.3
에스토니아	4.1	42.6	43.5	9.8
영국	5.8	44.5	38.0	11.7
프랑스	6.5	41.9	37.1	14.4
벨기에	6.8	51.8	34.6	6.8
스위스	6.9	27.8	43.2	21.1
독일	9.0	38.4	40.5	12.1
오스트리아	9.9	35.2	36.6	18.3
스페인	7.5	42.0	37.0	13.6
포르투갈	4.7	55.0	33.1	7.2
이탈리아	7.6	51.0	30.9	10.4
아일랜드	9.5	46.0	31.0	13.3
슬로베니아	10	55.1	29.3	5.7
러시아	13	59.8	20.6	6.6
체코	13.3	38.4	29.5	18,8
폴란드	7.3	51.0	32.1	9.6
리투아니아	20.2	59.3	18.1	2.5
헝가리	21.5	48.1	22.2	8.2
이스라엘	6.5	39.3	41.5	12.7

<그림 6> 도표로 본 기본소득제에 대한 서구 여러나라의 여론(12개국)

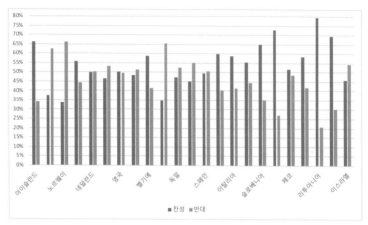

출처: ESS Round 8과 2020년 11월~12월 YOUGOV자료를 이용해 저자 작성
YOUGOV 여론조사:
https://www.pressenza.com/fr/2021/01/en-6-pays-europeens-2-citoyens-sur-3-souhaitent-un-revenu-de-base-universel-selon-un-sondage/
출처: ESS 8 Round에서 산출

<표 8> 기본소득제에 관한 유럽 6개국의 여론 추이(코비드 19 전후 비교)

	Covid 19 이전		Covid 19 이후	
	찬성	반대	찬성	반대
프랑스	48.5	51.5	52	32
독일	47.5	52.6	59	28
스페인	49.5	50.5	68	25
포르투갈	59.9	40.3	83	11
이탈리아	58.6	41.4	64	26
폴란드	58.3	41.7	73	18

출처: ESS Round 8

〈그림 7〉 도표로 본 기본소득제에 관한 유럽 6개국의 여론 추이(코비드 19 전후 비교)

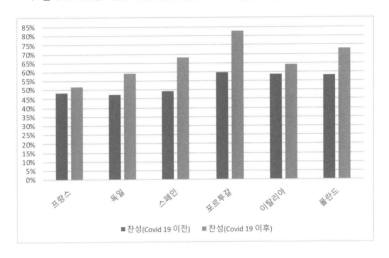

2. 기본소득, 지금 세계는

최인숙

프랑스 기본소득, 유토피아 아닌 현실

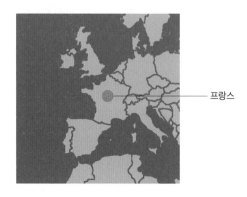

프랑스

코로나19는 우리 일상을 송두리째 흔들었다. 마스크가 필수인 생활을 연출하고 여럿이 모여 식사도 할 수 없게 만들었다. 어디 이뿐이랴. 기존의 양극화를 더욱 심화시켜 우리가 사는 세상을 심한 균열로 몰아가고 있다. 테슬라의 일론 머스크(Elon Musk)처럼 통 크고 미래비전을 설계하는 사람은 눈 깜짝할 사이 억만장자가 되지만, 우리 같은 서민들은 하루아침에 직장을 잃고 끼니를 걱정하는 신세가 될 지경이다. 많은 이들은 코로나19를 극복하고 일상으로 복귀할 날을 학수고대하지만 이제 그날은 영영 돌아오지 않을지도 모른다. 그러면 어떻게 할까. 변해가는 세상에 맞게 새로운 패러다임을 빨리 모색하는 것이 현명한 일 아니겠는가.

일단 이런 전망을 했다면 기본소득은 더는 소모할 논쟁거리가 아니다. 이재명 경기도지사가 재난지원금을 전 국민에게 확대하자고 제안하자 그의 정적들은 이를 선거용 포퓰리즘이라고 맹비난을 쏟아냈다. 그러나 '포퓰리즘'이라는 네 단어로 이를 매도만 할 것인가. 지속되는 코로나19와의 전쟁에서 우리 국민의 생존을 위한 보급품은 필시 기본소득일지도 모르는데 말이다. 차라리 문제 삼으려면 기본소득을 보다 구체화하라고 다그치는 편이 낫다.

프랑스는 그간 기본소득을 유토피아(Utopia)로 치부하기 일쑤였다. 그러나 2017년 대선 때 사회당 후보인 브누아 아몽 (Benoit Hamon)이 기본소득을 빅이슈로 쟁점화해 사회적 반향을 일으키는 데 성공했다. 하지만 에마뉘엘 마크롱이 대통령이 된 뒤 이 이슈는 점차 잊혔다.

아이러니하게도 작년부터 세계가 코로나19 격랑에 휩싸이자 기본소득 지지자들이 대거 등장하고 있다. 재정이 어디 있어 기본소득을 실시하느냐며 펄쩍 뛰던 반대자들이 하나씩 하나씩 기본소득 옹호자로 돌아서고 있다. 팬데믹으로 인한 사회·경제적 불평등을 기본소득 말고는 달리 해결할 방도가 없다는 것이다. 함께 행동하는 그룹(Agir)의 발레리 쁘띠(Valérie Petit) 하원의원은 "코로나 시대에 믿을 수 없을 정도로 우리가 취약하다는 것과 국가의 안전망이 완전하지 않고 결함이 있다는 것을 알았다"라고 고백한다.

따라서 마크롱 정부는 지난해 4월 일용직과 임시직, 자영업자 중 자택격리로 인해 수입이 끊어진 극빈자 가정과 학생들에게 지원금을 나눠주었다. 그리고 뒤범벅이 된 프랑스 사회보장제도를 수술하기 시작했다. 기본소득의 일종인 활동 기본소득(revenu universel d'activité, RUA)을 신설하기 위한 작업도 착수했다. 그러나 쁘띠 의원은 "이 활동 기본소득은 단지 구직자들에게 주는 수당들을 통합한 것이지 사실상의 기본소득은 아니다"라고 비난한다.

그러므로 쁘띠 의원은 조건 없이 누구에게나 같은 금액을 자동으로 지급하는 진짜 기본소득을 "시민의 디딤돌(Socle citoyen)"로 이름 붙이고 이를 실현할 법안을 의회에 제출했다. 이 법안은 2021년 정기국회에서 가장 뜨거운 쟁점이 될 전망이다.

프랑스는 기본소득이 시민들의 가난과 불안정을 타파할 뿐만 아니라 코로나 시대 직장을 잃고 생계를 걱정하는 사람들을 위한 해법으로 보고 있다. 국민도 마찬가지다. 지난해 3월 옥스퍼드대학이 실시한 여론조사에 따르면, 프랑스인을 포함한 유럽인 71%가 기본소득에 찬성했다. 이는 2018년 1월 조사에서 63%가 반대했던 것과 비교하면 완전히 역전된 것이다. 위기의 시대 인류의 평화공존을 위한 해법이 기본소득이라는 것을 시민들은 알게 된 것이다. 로마의 프란체스코 교황도 마찬가지다. 그는 작년 4월 공개서한을 통해 기본소득을 옹호하고 나섰다.

우리도 이제는 기본소득을 선거용이라 매도만 해서는 안 될 일이다. 프랑스에서 보았듯이 코로나 위기에 경제도 살리고 국민도 살리려면 기본소득이 해법이다. 정치인들은 지금 여·야 가릴 것 없이 앞다퉈 기본소득을 쟁점화하고 재원 마련에 지혜를 모아야 한다. 이제 기본소득은 선택지가 아닌 필수가 되고 있기 때문이다.

프랑스, 2022년 대선 달굴 아젠다 '기본소득'

　선거가 없다면 유권자는 과연 정치인으로부터 무얼 얻어낼 수 있을까. 직접민주주의를 신봉했던 루소는 "영국 시민들은 선거 때만 자유로울 뿐 선거가 끝나는 순간 노예로 전락한다."라며 대의제 민주주의를 꼬집었다.

　이러한 풍경은 비단 영국에서만 연출된 것일까. 루소가 살았던 프랑스는 어떠한가. 2017년 대선을 한번 보자. 후보자들은 유권자들의 환심을 사기 위해 각종 공약을 내걸었다. 그 중 '대박'을 친 정책은 아몽 후보가 내건 기본소득제였다. 아몽은 사회당 오픈프라이머리(완전국민경선제)가 열리기 전 각종 여론조사에서 발스(Manuel Valls) 후보에게 크게 밀렸다. 그러나 정작 오픈프라이머리가 열리자 기본소득제를 크게 쟁점화해 발스를 무려 18% 포인트 차로 물리쳤다. 본선에 나간 아몽은 2017년 프랑스 대선을 기본소득 전으로 몰아갔다.

그 덕에 기본소득에 관한 관심은 뜨거워졌고, 프랑스인 60%가 기본소득을 지지하는 반전이 일어났다. 만성병에 걸린 기존 복지제도로는 청년실업률과 소득 불평등을 해소할 수 없다고 판단한 유권자들이 기본소득에 큰 관심을 두게 된 것이다.

그러나 아몽은 완승했다고 볼 수 없다. 우선 대선에서 졌고, 또한 그의 기본소득은 엉성했다. 악마는 디테일에 있다고 하지 않던가. 기본소득제가 설득력을 얻기 위해서는 구체적이어야 한다. 하지만 아몽의 기본소득은 개념부터 모호했다. 기본소득제를 노동시장의 자동화와 일자리의 디지털화라는 측면에서 정당화하고자 했지만, 이 소득은 무엇보다 구매력을 보장해야만 한다. 경제성장이 느려지더라도 기본소득은 어느 정도의 경기 활성을 동반해야 한다.

따라서 기본소득을 실시하려면 다음과 같은 질문에 답할 수 있어야 한다. 기본소득이 마크롱 경제정책을 얼마나 변화시킬 수 있을 것인가. 재원은 어떻게 마련할 것인가. 소득재분배는 어떤 결과를 가져올 것인가. 기본소득은 어떤 사람들에게 노동을 거부하도록 부추길 소지는 없는 것인가. 이런 질문에 아몽은 명확히 답하지 못했다.

그렇다고 아몽의 기본소득 안이 물거품이 된 것은 아니다. 그가 정치적으로 크게 쟁점화시킨 덕에 프랑스 15개 지역이 기본소득 실험을 자처하고 나섰고, 다른 기본소득 지지자들도 앞다퉈 모델을 제시하기에 이르렀다.

현재 코로나 정국 속에서 위기를 타파할 해법으로 기본소득제가 재점화되는 것도 결코 우연은 아니다. 그간 기본소득을 반대했던 우파들도 지지자로 변하고 있다. 공화당의 프라디에 (Aurélien Pradié) 사무총장은 10여 명의 의원과 함께 18세에서 25세 청년실업자들에게 7백 유로를 지급하는 기본소득제를 설계 중이다.

그러나 프라디에안은 아몽의 것과 크게 다르다. 급진좌파 정당인 '불복종하는 프랑스'의 카테낭(Adrien Quatennens) 의원은 "기본소득 제안자마다 각기 버전이 다르다"라고 역설한다. 이에 아몽은 "모두가 기본소득을 다시 들고나와 그 원칙의 타당성을 따져보는 것을 보니 기쁘기 그지없다"라고 말했다.

2022년 프랑스 대선에서 기본소득은 또다시 뜨거워질 전망이다. 아몽은 내년 대선에 불출마하지만, 그와 기본소득에 관한 생각이 비슷한 후보를 밀겠다고 밝혔다. 이에 불복종하는 프랑스의 멜랑숑(Jean-Luc Mélenchon) 대표는 아몽과 협의할 각오가 되어있다고 러브콜을 보낸다. 프라디에 사무총장은 공화당 대선 주자가 들고 나갈 기본소득 안을 올여름 전에 구체화할 계획이다.

프랑스 정당들은 이처럼 내년 대선 빅 아젠다로 떠오르고 있는 기본소득 안 개발에 집중하고 있다. 루소의 말처럼 유권자는 선거 때나 왕이 된다. 후보자들은 좋은 경쟁상품을 내놓고, 우리는 왕처럼 최상의 상품 하나를 우아하게 고를 수 있다면 이보다 멋진 선거판이 또 어디에 있겠는가.

프랑스, 시민 없는 혁명은 결국 무너진다

"일하지 않는 자 먹지도 말라"는 말이 있다. 이는 자본주의의 논리를 연상시킨다. 그러나 아이러니하게도 이 말은 성경 구절로 기독교 문명의 서구사회 논리다. 이 관념이 무너질 찰나에 놓여 있다. 코로나 위기 앞에 기본소득 논의가 빠르게 진행되고 있기 때문이다. 일하지 않는 데도 매월 꼬박꼬박 돈을 준다는 기본소득. 이런 세상이 온다면 이는 분명 혁명이다. 프랑스의 유명한 싱크탱크 장-조레스 재단(Fondation Jean-Jaurès)이 "프랑스가 기본소득제를 도입한다면 이는 혁명에 가까운 조치"라고 보는 이유다. 프랑스 기본소득의 상징인 아몽 역시 "기본소득은 새로운 사회계약(contra social)의 시작"이라고 평가한다.

이러한 혁명을 정치인 혼자만의 힘으로 가능할까. 제갈량이 살아 돌아온다 해도 어림없는 소리다. 그럼 어떻게 해야 하나. 시민이 뭉치는 수밖에 없다. 프랑스는 기본소득제 도입을 위해 시민들이 발 벗고 나섰다. 지난해 5월 프랑스 정치인들, 경제인들, 대학교수들, 시민단체 대표들은 일반 시민들과 함께 수상과 예산회계부장관, 보건복지부장관, 국무장관을 소환했다. 2021년 재정 법안에 기본소득을 추가해 주라고 요구하기 위해서였다. 프랑스의 이 법안은 유럽에서 선구적인 것으로 기존 수당들의 정비를 뛰어넘어 진정한 기본소득을 창설하기 위한 것이다.

여당 의원 쁘띠(Valérie Petit)와 싱크탱크 제네라시옹리브르(GenerationLibre)의 창립자 코엥(Gaspard Koenig), 경제학자 바스키아(Marc de Basquiat) 3인이 주도해 기본소득 서명운동도 시작했다. 지난해 5월 시작할 때는 45명의 여·야당 국회의원들과 법관, 기업인, 철학자, 대학교수, 작가, 시민단체 대표들, 대학원생 총 85명이 동참했다. 인간의 실존을 보호하고 보다 나은 세계로 나가기 위해서는 좌·우파 이념을 뛰어넘어야 한다는 명분을 건, 이 거국적 운동에 동참하는 시민들이 자꾸 늘어가고 있어 현재는 1160명이 되었다.

변화의 물결을 거역할 수 없었던 것일까. 코르시카 주 정부가 움직이기 시작했다. 기본소득 실험을 희망하고 나섰다. 프랑스

의회도 마찬가지다. 지난해 11월 기본소득인 "시민의 디딤돌 (socle citoyen)"을 창설할 공공토론 개시를 위해 결의안을 채택했다. 사회당 의원들과 그와 연합한 의원들이 제시한 기본소득 안을 필두로 논의를 벌일 계획이다. 내년 4월 대선에 나갈 주자들도 기본소득에 대한 입장을 밝히지 않으면 안 될 처지가 되었다. 이처럼 프랑스 기본소득 시계는 찰칵찰칵 돌아가고 있다.

그러나 프랑스가 여기까지 오는 데는 인고의 세월이 필요했다. 1970년대 기본소득을 논의하기 시작해, 1980년대 기본소득 네트워크가 활성화됐다. 그 후 많은 싱크탱크와 전문가들이 기본소득 모델을 앞다퉈 개발하고 토론과 논쟁을 벌여왔다.

우리 기본소득이 실현되려면 이 같은 과정이 필요하다. 그렇다고 프랑스처럼 반세기가 걸려야 한다는 소리는 아니다. 다만 이 제도가 한국에 도입되려면 지금처럼 해서는 불가능하다는 이야기다. 이재명 경기도지사를 선두로 극소수만 기본소득을 주장하고 있지 대부분은 강력히 반대하고 있다.

기본소득은 다시 한번 강조하자면 혁명에 버금가는 일이다. 많은 이들이 두려워하고 의문을 쏟아낼 수밖에 없다. 이 가시밭길을 가려면 무엇보다 치밀한 연장들을 준비하고 국민의 이해와 협조가 필요하다. 한국의 기본소득 지지자들은 대상을 누구로 할 것인지, 소득 수준은 얼마가 적정한지, 재원은 어떻게 마련할 것인지 등을 고려해 모형을 만들고 실험해 하루빨리 공공의제로 올리기 바란다. 설득의 장이 없으면 시민의 이해와 협조를 절대 구할 수 없기 때문이다.

독일, 기본소득의 간을 보다

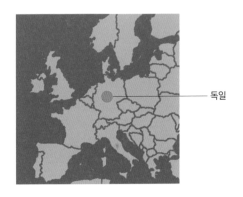

독일

정말 세계 경제는 풍전등화인가보다. 경제 대국 독일마저 비장의 카드가 필요하니 말이다. 그간 독일은 기본소득을 간만 보는 정도였다. 하지만 지난 2월부터 기본소득 실험 국가로 급회전했다. 왜 이런 반전이 있었을까. 독일 역시 기존의 복지제도로는 지금의 코로나 고비를 무사히 넘길 수 없다고 판단한 듯하다.

사실, 독일 정부는 경기회복을 위해 이미 특별 조치를 냈던 적이 있다. 2003년 '하르쯔(Hartz)법'을 제정해 실업자 감소와 고용촉진을 도모하고, 2005년 '하르쯔 4법'으로 장기실업자용 수당을 삭감하고, 노동 봉사나 직업훈련 등 일자리 나누기를 했다. 그러나 이 조치로는 고질적 실업 문제를 풀 수 없었다.

결국, 기본소득제 카드가 나오기 시작했다. 데엠(Drogerie-Markt)의 창업자 괴츠 베르너(Götz Werner)는 2004년 생활 매거진을 통해 조건 없는 기본소득을 이슈화했고, 2006년에는 구체적인 기본소득 안을 발표해 각계의 주목을 받았다. 이처럼 베르너로 인해 독일 기본소득 논쟁은 불붙기 시작했고 연구로 이어졌다. 하지만 핀란드나 프랑스처럼 정부가 나서서 기본소득을 실험할 정도까지 뜨거워지진 않았다.

그러던 독일 정부가 지난해 8월 기본소득으로 한 발짝 다가갔다. 정부의 자문기관인 독일경제연구소(Deutsches Institut für Wirtschaftsforschung)의 제안을 받아들여 기본소득을 실험할 의사를 밝혔다. 이에 독일 국민은 환호했고 순식간에 실험 지원자가 150만 명을 넘었다.

올 2월부터 실험할 목적으로 실험자 선정에 들어갔다. 150만 명의 지원자 중 1,500명을 먼저 뽑고, 이 중 120명을 최종 뽑아, 후자에게 매월 1,200유로(약 162만 원)를 3년간 지급한다. 이 금액은 독일 빈곤선(최저생활을 유지하기 위한 수입)을 고려해 책정된 것이다. 이 120명은 기본소득을 받은 후 생활의 변화나 감정 상태 등에 대해 설문지를 작성해 제출한다. 이를 연구진은 기본소득을 받지 않은 집단(1380명)과 비교해 기본소득의 실질적 효과를 과학적으로 검증한다.

이 실험에 드는 총비용은 520만 유로. 우리 돈 약 70억 원에 해당한다. 이 거액의 돈은 독일 기본소득 운동 단체인 "마인그룬트아인콤멘(Mein Grundeinkommen, 나의 기본급)"이 기부금을 모아 충당한다.

그러나 이 실험에 대한 비판도 크다. 먼저, 샘플이 너무 작다. 그리고 정부 자문기관이 주도하고 있어 의구심도 자아낸다. 이에 대해 총괄 책임자인 슈프(Jürgen Schupp)는 이 실험이 "독일 경제모델을 경험적으로 강화할 수 있도록 현장을 관찰하면서 결론을 도출하는 것"이라고 응수한다. 그는 또한 "우리 연구소는 정부의 자문기관으로 알려졌지만, 이 실험은 정치와는 무관하다. 우리는 기본소득에 찬성도 반대도 않는다. 다만 지금과 같은 상황에서 기본소득을 실험해 그 결과를 실증적으로 평가하는 것은 중요하다"라고 반박한다.

독일은 이처럼 기본소득에 한 발짝 다가서고 있지만 우선 경험을 축적해 실증적 효과를 따져봐야 한다는 계산이다. 기본소득제는 분명 혁명에 버금가는 개혁이다. 적정한 기본금 책정이나 재원에 대한 논의 없이, 그리고 제대로 된 실험 없이 그냥 시작할 수 없는 문제다. 한국의 기본소득 지지자들은 이 점을 깊이 새겨 기본소득에 대한 공론장부터 열어야 한다.

스페인, 기본소득 페달을 밟다

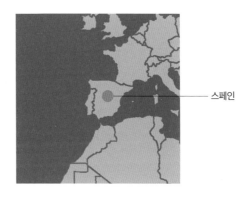

스페인

스페인은 코로나19로 가장 큰 타격을 입은 나라다. 지난해 3월 코로나 환자가 무섭게 증가하더니, 순식간에 4천 명 이상이 사망했다. 국토는 전면 봉쇄됐고 경제활동은 중단됐다. 한 달 동안 직업을 잃은 사람은 90만 명에 달했다. 마드리드에서는 성당에 가 먹을 것을 구하는 진풍경이 벌어졌다. 바르셀로나, 카탈루냐도 마찬가지였다. 식량을 구하는 사람들은 전국적으로 30%를 넘었다. 발 빠른 대책이 없다면 이들은 심각한 상태에 빠지고 사회 갈등은 증폭될 위기였다.

스페인 정부는 최소생활소득(revenu minimum vital)을 긴급히 공부했다. 그리고 산체스(Pedro Sánchez) 수상은 곧장 기본소득 페달을 밟았다. 상상을 초월한 위기 앞에 기본소득이 아니면 답이 없다고 본 것이다. 5월 초 기본소득 초안이 일간지 엘 문도(El Mundo)에 발표됐다. 스페인의 기본소득 시계는 긴박하게 돌아갔다.

이 최소생활소득은 불확실한 경제 상황과 코로나 정국 앞에 가장 취약한 계층을 보호하고 소비를 촉진하기 위한 것이다. 아울러 자영업자, 비정규직, 일용직 노동자들처럼 사회안전망에서 제외된 사람들을 돕기 위한 것이다.

스페인 일간지 〈엘 파이스(El Pais)〉에 따르면, 최소생활소득은 극빈자들에게 매월 440유로(약 60만 원)를 지급하고, 이 소득을 받는 가구는 약 100만 정도다. 한부모 가정에 지원금의 10%를, 자녀가 있는 양부모 가정에 50%를 지급한다.

사실, 스페인 기본소득은 2019년 사회노동당이 급진 좌파 정당인 포데모스(PODEMOS, 우린 할 수 있다)에 연합정부를 제안했을 때 약속한 사항이다. 이글레시아스(Pablo Iglesias) 포데모스 대표는 코로나 초기에 기본소득 설치를 요구했으나, 산체스 수상은 영구적인 대책을 마련하려고 좀 더 시간을 갖길 원했다.

하지만 지난해 5월 29일 양당이 최종 최소생활소득 설치에 합의하고 사인했다. 이글레시아스는 국무회의에서 "오늘 새로운 사회적 권리가 스페인에 탄생했다"라며 기뻐했다. 가르손

(Alberto Garzon) 소비생활 장관은 "연합정부 안에 공감대가 형성됐다. 우리는 이 기본소득을 조율하기 위해 여러 장관과 함께 토론했다"라고 밝혔다. 칼비뇨(Nadia Calviño) 경제 장관은 라 섹스타(La Sexta)에 출연해 "우리는 가능한 한 빨리 기본소득을 시작할 것"이라고 덧붙였다.

이글레시아스는 파이낸셜 타임스(Financial Times)와의 인터뷰에서 "대처(Margaret Thatcher)와 블레어(Tony Blair)의 이데올로기는 과거형이다. 연대와 존중이 결핍돼 있어 이 모델로 남부 나라들(스페인, 이탈리아, 포르투갈 등)은 더는 살아남을 수 없다. 오늘날은 누구나 국가가 경제에 개입해야 한다는 사실을 알고 있다. 시장경제는 지금 보다 더 보호받아야 하고, 일반복지 역시 그래야 한다."라고 설명했다.

이처럼 스페인이 기본소득으로 가는 이유는 지금까지의 경제 모델로는 앞으로 더는 살아남기 어렵다는 판단에서다. 그러나 이러한 상황이 비단 남유럽만의 일인가. 한국은 어떠한가. 남유럽만큼 절체절명의 상황은 아니라고 여유를 부릴 수 있다. 하지만 코로나19로 많은 사람이 직장을 잃고 극빈자로 전락하고 있는 것은 우리도 매일반이다. 궁극적인 개혁 없이 신 복지 운운하면 가는 여정만 더 터덕거릴 것이다. 기본소득을 무조건 중상하기보다 관심을 가져야 할 명분이 여기에 있다.

이탈리아, 기본소득 첫걸음부터 진통

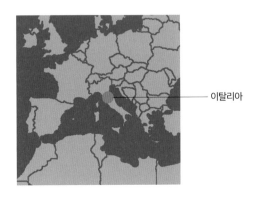

이탈리아

코로나19의 최대 격전지는 이탈리아다. 작년 초 밀려온 코로나로 인해 순식간에 3만 명이 사망했다. 국토는 봉쇄되고 경제활동은 전면 중단됐다. 실업자가 속출했고, 먹을 것을 찾아 길거리를 헤매는 시민들이 즐비했다.

카리타스(Caritas) 수녀회가 운영하는 밀라노의 한 배급소에 식료품을 받으러 나온 65세의 여인 마리아(Maria)는 "참 괴롭네요"라며 수줍어했다. 마리아는 코로나가 발생하기 전에는 라 스칼라(La Scala) 오페라 극장 휴대품 보관소에서 일했다. 그런데 오페라 극장이 문을 닫자 생계는 막막해졌다. 미망인 연금으로 월세를 내고 의약품 비로 매월 60유로를 지출해야 한다. 로

마 한복판에서 생필품 보급차(Ronda della Solidarieta: 연대 순회차)를 기다리는 50대 여인 아나(Anna) 역시 "생활이 어려울 때 가끔 오지요. 창피하네요"라고 말한다. 아나는 가사 도우미였지만 코로나로 직장을 잃었다. 집세를 내려면 식비를 아껴야 한다.

노동조합 콜디레티(Coldiretti)에 따르면, 이 여인들처럼 식료품을 보급받는 사람은 약 370만 명. 전보다 100만 명 더 증가했다. 일간지 라 레푸블리카(la Repubblica)는 코로나로 소득을 잃은 사람을 1,150만 명으로 추산한다. 이는 이탈리아 노동력의 절반이다. 2차 세계대전 이후 최악의 상태다.

대위기 앞에 선 콘테(Giuseppe Conte) 총리는 지난해 3월 "우리는 소득을 잃은 사람들이 혼자 알아서 하도록 내버려 두지 않을 것이다"라며 4억 유로(약 5,332억)의 생필품 구매권을 약속했다. 그는 또한 2021년 봄에 기본소득을 철저히 개혁해 재조직하겠다는 약속도 했다.

그렇다면 이탈리아는 이미 기본소득을 실시하고 있다는 이야기다. 그런데 왜 코로나 위기 앞에 기본소득은 맥을 못 추는 것일까. 사실 이탈리아 정부는 2019년 봄부터 "시민소득(revenu de citoyenneté)"이라는 기본소득을 실시하고 있다. 2018년 총선에서 5성당은 "빈곤을 타파"하기 위해 모든 국민에게 합리적인 액수의 기본소득을 창설하겠다는 공약을 했다. 그러나 집권한 뒤 공약안을 대폭 수정해 매월 780유로(약 104만 원)를 극빈자들(예를 들면 빈곤선 아래의 퇴직자들)에게만 지급하는 시민소득을 실시했다. 5성당 대표 디 마이오는 "우리가 집권하고 국가재정 능력을 고려하지 않을 수 없었다. (...) 어떤 일이 있어도 앞으로 나아가야 한다. 극빈자들을 돕는 것은 민주국가의 의무다. 이 원조는 얼마든지 향상할 수 있다"라고 주장했다. 그는 연합정부를 구성하고 있는 민주당 사무총장 진가레티(Nicola Zingaretti)에게 기본소득을 재조직하자고 제안했다.

이처럼 이탈리아의 기본소득은 시작하자마자 코로나로 한계를 드러냈다. 5성당은 국가재정을 이유로 극빈자에게만 기본소득을 주기로 하였지만, 코로나로 그 극빈자는 걷잡을 수 없이 증가한 것이다. 이런 이탈리아 기본소득을 보는 견해는 상반된다. 하나는 가짜라는 비난이고, 다른 하나는 한계는 있지만 가난한 사람들을 줄일 수 있는 큰 경험이고, 사회학적으로 볼 때 아주 큰 발전과 진보라는 것이다.

결국, 이탈리아의 사례는 기본소득 개혁은 시행착오를 겪어야 함을 알려준다. 기본소득은 개념에 따라 모델이 천차만별이기 때문이다. 다만 이런 시행착오를 줄이기 위해서는 진정한 기본소득의 개념을 정립하고 타당한 표준안을 개발해야만 한다. 그렇지 않다면 이탈리아처럼 첫발에 미끄러질 수도 있다.

스코틀랜드, 빈곤과 불평등은 사회시스템의 문제

스코틀랜드

　세계 시민단체 옥스팜(Oxfam)에 따르면, 영국인 150만 명이 작년 3월 유니버설 크레디트(Universal Credit, 공적원조)를 요청했다. 이는 한 달 전보다 6배 이상 증가한 것이다. 유니버설 크레디트는 2013년 캐머런(David Cameron) 총리가 신설한 영국의 유일한 복지 수당으로, 소득에 따라 혜택이 제공된다. 따라서 이 수당을 청구할 자격이 없는 사람도 매우 많다. 사정이 이러하니 생필품을 구하기 위해 푸드 뱅크를 이용하는 영국인들이 점점 늘고 있다.

　인버클라이드(Inverclyde)주 SNP(Scottish National Party, pro-indépendance) 의원 코완(Ronnie Cowan)은 "지금처럼

심각한 사태를 본 적이 없다며 고통스러워하는 메일을 매일 수천 통씩 받는다"라며 깊은 한숨을 내쉬었다.

초유의 사태 앞에 영국도 결국 기본소득 시계를 빨리 돌릴 수밖에 없는 지경이다. 지난해 4월 22일 하원의원 100여 명은 파이낸셜 타임스에 기본소득 실시를 위한 공개편지를 냈다. 그들이 추진하는 기본소득은 모든 영국인이 매월, 조건 없이 생필품비(주거비와 식비 등)를 받게 하는 것이다.

스코틀랜드 정부는 영국 정부보다 더 적극적이다. 스터전 (Nicola Sturgeon) 수상은 에든버러에서 코로나바이러스에 대해 브리핑을 하면서 "기본소득의 순간이 왔다"라고 밝혔다. 그리고 이 주제에 대해 영국 정부와 "건설적인 토론"을 하겠다는 약속을 했다. 그녀는 기본소득 실행안에 대해서도 골똘히 생각하는 모양새다.

스터전 수상은 민간 싱크탱크인 "리폼 스코틀랜드(Reform Scotland)"가 영국 정부와 스코틀랜드 정부에 제안한 보편적 기본소득(Universal Basic Income, UBI) 안에 관심이 크다. 이 기본소득 안은 모든 시민이 소득이나 신분과 무관하게 예정된 일정액의 돈을 비과세로 받게 한다. 성인은 1년에 5200파운드 (약 812만 원)를, 16세 미만의 아동은 2600파운드(약 406만 원)를 받게 된다. 이는 사람들이 노동을 거부하지 못하도록 최소한의 생활비를 보장한 것이다. 그러나 큰 걸림돌이 있다. 이 기본소득을 실시하려면 어마어마한 돈이 필요하다. 스코틀랜드 정부는 이 비용을 기존 수당을 철폐해 절반을, 증세해 절반을 확보할 계획이다.

사실, 스코틀랜드는 기본소득을 오랫동안 논의해 왔다. 다만 진일보하지 못한 것은 스코틀랜드 정부 단독으로 이 문제를 결정할 수 없기 때문이다. 프랑스 뚤르즈 대학에서 스코틀랜드 전문가로 활동하고 있는 뒤클로(Nathalie Duclos)의 말을 빌리면, "2016년(브렉시트) 이후 사회안전망, 재정, 소득은 스코틀랜드 행정부에 일부만 귀속되어 있고, 일부는 런던이 보유하고 있다."

이처럼 행정이 복잡하지만, 스코틀랜드 정부는 기본소득 의지를 확고히 하고 있다. 여기에는 큰 이유가 있다. 스코틀랜드에서는 "사회적 정의"를 바라보는 시각이 좀 다르다. "여기서는 빈곤과 불평등이 개인의 탓보다 경제구조의 문제로 본다."라고 트레벡(Katherine Trebeck) 씨는 말한다. 호주 출신인 트래벡은 10년째 스코틀랜드에 거주하면서 옥스팜 활동가로 활약 중이다.

결국, 스코틀랜드의 예는 우리에게 중요한 사실 하나를 말해준다. 그것은 기본소득이 실현되려면 모델 개발이나 재원 확보도 중요하지만, 그보다 더 중요한 것은 '사회적 정의'를 바라보는 그 나라의 올바른 국민 정서다. 이 점을 간과한 채 기본소득

하드웨어만을 백날 갈고 닦아본들 기본소득의 시간은 여간해서 오지 않을지도 모른다.

벨기에, 기본소득 개념부터 다진다

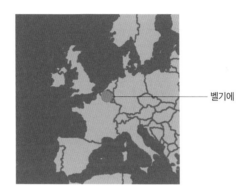

벨기에

벨기에 왕립 아카데미 회원이자 경제학자 콜망(Bruno Colmant)에 따르면, 벨기에 사회시스템은 사회보장제도의 개별화를 기본으로 하고 있다. 따라서 지금처럼 수요와 공급이 동시에 파경을 맞지 않는다면 아주 잘 작동한다.

그러나 지금은 정지 직전. 코로나 보건 위기로 많은 사람이 일자리와 소득을 잃어 가고 있기 때문이다. 결국, 정치인들은 기본소득 카드를 꺼낼 찰나. 그간 벨기에 정부는 경기 부진 때마다 여러 지원책을 내놓곤 했지만, 기본소득 개념에는 다가가지 않았다. 그런데 이제는 절박한 상황. 기본소득 지지자들은 지금이야말로 기본소득 개념을 부각할 절호의 기회라고 생각한다.

지난해 2월 벨기에 중도우파 정당 MR(Mouvement réformateur: 개혁 운동)은 기본소득 연구를 시작했다. 가까운 시일 내에 기본소득을 실시하려는 목표다. 이들이 생각하는 기본소득은 모든 국민에게 태어나면서부터 매월 수당을 받는 것이다. 브뤼셀 자유 대학(Université libre de Bruxelles) 법학과 뒤몽(Daniel Dumont) 교수는 "이 기본소득은 보편수당으로, 개개인에게, 조건 없이 지급하는 세 가지 특징을 가지고 있다"라고 요약한다. 즉, 가족을 부양하든 아니든, 혼자 살든 누구랑 함께 살든, 가난하든 부자든, 차별 없이 지급된다.

부쉐(Georges-Louis Bouchez) MR 대표는 기본소득 만이 지금의 위기를 대처할 수 있는 장치라고 평가하면서도 얼마를 줄 것인가에 대한 고민이 크다고 말한다. 기본소득이 일시적 혹은 영구적 대책인가. 다른 사회보장제도와 병행을 할 수 있는가. 정확히 누구에게 줄 것인가. 국가재정은 얼마가 들것인가 등의 문제를 분명히 해야 한다는 것이다.

이런 문제를 둘러싸고 벨기에는 두 개의 시나리오에 주목한다. 하나는 자유주의 모델로 모든 시민에게 매월 1,000유로를 지급하되 기존의 복지 수당은 전면 폐지한다. 다른 하나는 수당액을 500~600유로로 낮추고 기존의 사회보장 제도와 공존하게 한다. 부쉐 대표는 사람들에게 더욱 많은 자유를 주고 현행의 편파적인 원조시스템을 철폐해야 한다고 보기에 전자를 지지한다. 반면에 경제학자이자 환경당 소속 의원인 드페이 (Philippe Defeyt)는 시민의 더욱 많은 안전과 자율을 위해 후자를 지지한다. 같은 소득을 유지하면서 노동시간을 줄일 수 있고, 더 쉽게 노동 활동을 변화시킬 수 있다고 보기 때문이다.

이처럼 관점에 따라 기본소득 시나리오는 첨예하게 달라진다. 이뿐만이 아니다. 기본소득을 아예 부정적으로 보는 시각도 있다. 그 대표적인 예가 벨기에 FGTB(Fédération générale du travail: 노동총연맹)다. FGTB의 보드송(Thierry Bodson) 대표는 "고용주는 피고용인이 기본소득으로 이미 몇백 유로를 받았다고 생각하기 때문에 임금 인상을 조금밖에 하지 않을 것이다. 따라서 임금협상이 복잡해질 것"이라고 평가한다.

이처럼 다른 관점들을 수렴해 합의를 끌어내려면 기본소득 여정은 그리 간단치 않다. 그런데도 벨기에는 기본소득 첫 단추를 차근차근 끼우고 있다. 문제는 우리다. 지금 한국 사회에는 기본소득 단어만 가득하지 기본소득 시나리오를 볼 수가 없다. 도대체 어떤 기본소득을 하겠다는 것인지 답답할 뿐이다. 진정 기본소득을 실시하고 싶다면 시나리오를 공개하고 기본소득 개념에 부합하는지 그것부터 따져나가기 바란다.

미국, 부자들이 관심 두는 기본소득

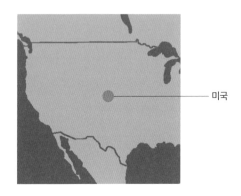

미국

기본소득 논의는 일찍이 미국에서 시작됐다. 1960년대 자유주의 예찬자인 통화주의자들에 의해서였다. 프리드먼(Milton Friedman)은 1962년 빈곤 퇴치를 위한 수단으로 기본소득의 일종인 '음의 소득세(negative income tax, NIT)'를 창설하자고 제안했다. 닉슨 대통령(Richard Nixon)은 이에 영향을 받아 자녀가 있는 가정에 연간수당을 보장할 것을 제안했다. 그러나 이 제안은 상원에서 기각됐다.

좌파적 입장에서 기본소득을 주장한 인물은 루터 킹(Martin Luther King) 목사였다. 그는 1967년 가난을 물리칠 최선의 수단으로 기본소득을 들었다. 그러나 1980년 보수당의 레이건

(Ronald Reagan) 대통령이 탄생하면서 기본소득 논의는 폐기됐다. 레이건은 기본소득이 노동 가치와 양립 불가능하고 불건전한 의존문화를 부추길 것으로 보았다.

그러던 기본소득이 최근 재점화되고 있다. 지난 미국 대선 민주당 경선에서 앤드류 양(Andrew Yang)은 기본소득을 지지했다. 그는 미국의 모든 시민에게 자유 배당금으로 매월 1,000달러를 주자고 주장했다. 이 장치야말로 경제와 고용 창출을 위한 영구적 지원이라는 것이다. 기업가인 양은 본래 자동화로 일자리가 없어지는 것을 염려해 기본소득을 지지했다. 하지만 작년 3월 12일 트위터를 통해 이제는 자동화가 아닌 코로나19 팬데믹 때문에 기본소득을 이야기할 때라고 주장했다.

페이스북 창업자인 저커버그(Mark Zuckerberg) 역시 2017년 하버드대 졸업식에서 기본소득을 변호하고 나섰다. 그는 "각자가 새로운 아이디어를 펼칠 수 있게 재정적 여유를 보장하는 기본소득 같은 개념을 연구해야 한다."라는 이야기를 했다. 페이스북의 또 다른 창업자인 휴즈(Chris Hughes) 역시 기본소득을 열렬히 지지한다. 그는 캘리포니아 스톡턴(Stockton) 시의 기본소득 실험 비용을 전액 부담하고 있다. 스톡턴 시는 부동산 가격의 상승으로 샌프란시스코를 떠나야만 했던 빈곤 가정 중 125가구를 무작위 추출해 2019년부터 2년간 매월 500달러를 지급하고 있다.

지난 3월 초 터브스(Michael Tubbs) 스톡턴 시장은 실험 결과를 공개했다. 그 결과를 보면, 기본소득을 받는 사람들은 재정적 불안정성뿐만 아니라 우울과 걱정이 줄고 취업률도 12% 증가했다. 또한, 수당을 식료품비, 가스·전기 사용료, 자동차 경비 등으로 사용하고, 술이나 담배를 사는 데 거의 사용하지 않았다. 굉장히 고무적인 결과다.

캘리포니아 오클랜드(Oakland) 역시 기본소득을 실시한다. 가난한 흑인과 아메리칸 인디언 가정을 주로 대상으로 하지만, 집이 없거나 불법 이민자들도 대상이 될 수 있다. 샤프(Libby Schaaf) 오클랜드 시장은 CBS와의 인터뷰에서 "우리는 유색인종에 대해 특별히 신경을 쓰고 있다. 이들의 중위소득은 백인들보다 3배 적기 때문이다. 600가구를 뽑아 최소 1년 6개월 동안 그 어떤 조건 없이 매월 500달러의 수당을 지급한다."라고 말했다. 샤프 시장은 "빈곤은 개인의 실패가 아니라 정치적 실패"라는 말도 덧붙였다. 오클랜드 역시 재정은 모두 기부금으로 충당한다.

미국 부자들은 이처럼 기본소득 전도사가 되어가고 있다. 그런데 한국 부자들은 무엇을 하고 있는가. 미국 부자들이 기본소득을 지지하고 나서는 데는 기부문화의 차이도 있겠지만, 결국 상생의 길을 찾으려는 의지다. 경제순환 없이 기업은 성장할 수 없는 법이다. 한국 부자들도 이 논리를 잘 깨우치고 행동해야 할 때다.

캐나다, 기본소득 대환영하는 퀘벡

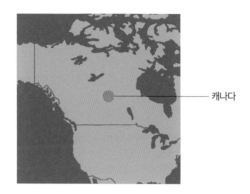

캐나다

캐나다는 기본소득의 고요한 혁명이 이미 시작된 듯하다. 지난해 6월 20일 라디오 캐나다 발표에 따르면, 59%의 캐나다 국민이 기본소득을 찬성하고 있다. 앵거스 레이드(Angus Reid) 연구소가 캐나다인 1,500명을 대상으로 한, 이 조사에서 기본소득을 가장 지지한 곳은 퀘벡(Québec). 퀘벡인 66%가 기본소득을 지지하고 있어 전국 평균을 훌쩍 넘었다. 그 뒤를 온타리오(Ontario)와 브리티시 컬럼비아(Colombie-Britannique)가 쫓고 있다.

이 연구소의 코진스키(Dave Korzinski) 소장은 "퀘벡은 기본소득에 대해 진보적이어서 이 결과는 전혀 놀랍지 않다"라고 말했다. 이 같은 현상은 지난 4월 8일 트뤼도(Justin Trudeau) 수상의 기본소득 제안 때도 마찬가지. 캐나다 정부가 18세부터 64세까지의 시민에게 기본소득을 주자고 제안하자 퀘벡 주가 가장 환영했다.

퀘벡의 정치인들은 오랫동안 기본소득에 남다른 관심을 보여 왔다. 퀘벡 자유당은 육체·정신 장애인들을 위해 기본소득을 창설해 다른 수당과 동시에 받을 수 있도록 했고, 퀘벡 당 역시 기본소득 도입을 위한 여론 수렴을 당의 프로그램으로 정했다. 2012년 사라진 퀘벡 민주행동당(Action démocratique du Québec: ADQ) 역시 2000년 초 기본소득 안을 제안했다.

최근에는 연대 퀘벡 당(QuéBEC solidaire)이 기본소득에 가장 큰 관심을 보이며 논의를 끌어가고 있다. 이 당은 18세부터 퇴직 때까지 생필품 비로 기본소득을 주자고 제안했고, 특히 가스페지(Gaspésie)에서 선도적인 기본소득 정책들을 내놓고 있다. 게다가 지난 3월에는 코로나19 위기를 극복하도록 긴급기본소득 2,000달러(한화 약 180만 원)를 줄 것을 제안했다.

퀘벡 기본소득그룹 위원인 브룅(Jonathan Brun)은 "우리는 퀘벡 정부의 행동을 기다리고 있다. 퀘벡 정부는 기본소득을 할 능력이 있다"라고 평가했다. 그는 기본소득의 형태, 매개변수, 수급액 등은 더 토론할 문제이지만, 퀘벡의 기본소득은 정부가 기금을 배당하는 형태로 보고 있다. 재원은 국영기업인 이드로-퀘벡(Hydro-QuéBEC)과 로토-퀘벡(Loto-Québec)의 수익금과 세금으로 마련하고, 모자라는 것은 세제개편을 통해서 충당할 것으로 예상했다. 그러나 이는 캐나다 정부가 의료비와 TPS(상품 및 서비스 세금), 기초연금을 위한 연방정부의 예산을 삭제해 충당하려는 것과 좀 차이가 있고, 퀘벡 정부가 의료비, 연대비, 상여금, 기혼자를 위한 공제금 등을 철폐해 마련하려는 것과도 차이가 있다.

다만 기본소득을 실시하면 퀘벡의 빈곤율이 줄어들 것이라고 보는 관점은 공통적이다. 국회 예산관리 사무국의 전문가인 아마르(Nasreddine Ammar), 버스비(Carleigh Busby), 아메드(Salma Mohamed Ahmed)는 기본소득이 실시되면 퀘벡의 빈곤율이 대폭 줄어들 것으로 보았다. "기본소득으로의 전환을 겁먹지 말자. 기본소득을 실시하면 이익을 보는 사람과 손해를 보는 사람들이 존재한다. 기본소득이 실시되면 가장 큰 수혜자는 연간소득 3만 달러(한화 약 2,684만 원) 이하의 가구들이고, 반면에 부자들은 손해를 보게 된다. 그러나 부의 재분배는 불가피하다"라는 분석이다.

캐나다 퀘벡은 이처럼 기본소득에 대한 구상이 상당히 진전된 것을 알 수 있다. 재원 부분은 아직도 논의가 필요한 것 같지만, 부의 재분배가 필요하다는 사회적 인식은 갈수록 확고해지는 듯하다. 퀘벡이 여기까지 오는 데는 무엇보다 기본소득을 실시하려는 정치인들의 의지가 남달랐기 때문이다. 한국에서도 진정한 기본소득이 실현되려면 스펙트럼이 다양한 정치인들의 관심과 의지가 무엇보다 절실하게 필요하다.

브라질, 마리카의 지역 화폐형 기본소득 효과

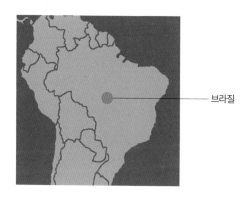

브라질

영토가 큰 나라는 코로나19 피해도 엄청나다. 세계에서 다섯 번째로 큰 브라질이 그 예다. 브라질 사람 6천만 명이 코로나19로 빈곤에 허덕이고 있다. 지난해 3월 보우소나루(Jair Bolsonaro) 대통령은 서둘러 비상 대책법을 통과시켰다. 가난한 비정규직 노동자들에게 3개월간 매월 680헤알(약 14만 원)을 지급하기 위한 것이었다.

그러나 3개월은 턱도 없는 일. 코로나19는 꿈쩍도 안 하고 상황은 더 나빠져 다른 대책을 내놓아야 했다. 보우소나루 대통령과 게지스(Paulo Guedes) 경제부 장관은 지난 9월 하순 렌다-브라질(Renda-Brasil)이라는 새 기본소득을 내놓았다. 렌다-

브라질은 보우사-파밀리아(Bolsa-Familia)를 통합했다.

사실 브라질은 세계 최초로 시민 기본소득법(Act of Basic Income of Citizenship)을 법제화한 나라다. 2004년 룰라(Luiz Inácio Lula da Silva) 대통령이 앞장서서 이뤄낸 성과다. 모든 브라질인과 5년 이상의 외국인 체류자들에게 기본소득을 주겠다는 것이다. 그러나 아직은 너무 거창한 이상일까. 시민 기본소득 대신 2003년 실시한 보우사-파밀리아만 계속해 왔다. 물론 이 수당도 아동이 있는 빈곤층 가정에 지급함으로써 큰 반향을 일으켰다.

그러나 보우소나루 정부는 이 보우사-파밀리아를 렌다-브라질로 통폐합할 것을 약속했다. 기본소득의 일종인 렌다-브라질은 6,900만 명의 브라질인에게 매월 300헤알(약 6만 원)을 지급하는 것이다. 야심 찬 정책이 아닐 수 없다. 문제는 비용이다. 어마어마한 재원을 어떻게 조달할 것인가. 브라질 연방정부는 지금도 재정 위기로 사면초가다. 보우소나루의 렌다-브라질이 내년 재선을 노린 포퓰리즘 공약이라는 비판이 나오고 있다.

이와는 달리 지방정부 차원에서 기본소득을 착실히 실현해 나가는 곳도 있다. 리오데자네이루에서 60킬로 떨어진 마리카(Maricá)가 그곳이다. 엘파이스 브라질(El País Brasil)의 보도에 따르면 마리카는 2013년 내놓은 혁신정책(지역 화폐로 주는 기본소득)이 코로나19 쇼크를 상당히 경감시키고 있다. 16만 명이 사는 마리카의 성공비결은 뭄부카(mumbuca). 시가 발행한 디지털 화폐다. 뭄부카는 시민 기본소득(BIC)으로 지역 화폐를 마리카 주민에게 지급하고 이 화폐는 브라질 화폐 헤알과 바꿀 수 없다. 38살의 뉘네(Luciana de Souza Nunes)는 "이 작은 원조가 더욱 반듯한 삶을 살게 해 준다."라고 설명한다. 코로나로 브라질 경제는 쇠퇴하고 있지만, 마리카는 반대다. 길거리에 나앉거나 의기소침한 사람들도 볼 수 없다.

마리카의 기본소득 대상은 보우사-파밀리아처럼 극빈층을 대상으로 하고 있지만 여기서 그치지 않는다. 최근에는 코로나19로 타격을 입은 중산층 가정까지 확대하고 있다. 1 뭄바카는 1 헤알(약 200원). 2013년부터 14,000가구를 대상으로 식구 한 명당 85뭄부카를 지급했다. 2019년 말에는 42,000명이 130 뭄부카를 받았다. 많은 사람은 마리카의 기본소득을 브라질 연방정부의 극빈층으로 확대하면 더 효과적일 것이라고 보고 있다.

이처럼 기본소득은 여러 형태로 다양한 여정을 밟아가고 있다. 극심한 빈곤과 불평등을 타파하기 위해 시민 기본소득법을 최초로 만든 브라질이지만 아직은 그림의 떡이고, 변형된 기본소득만 난무하고 있다. 마리카 기본소득 역시 완전한 기본소득이라 볼 수 없지만, 뭄부카의 효과는 크다. 이러한 경험은 한국도 마찬가지다. 기본소득은 단숨에 혁명으로 가기보다 마리카나 성남시, 그리고 경기도 농촌과 같은 작은 단위로 실시해 노

하우를 축적하고 전국 단위로 확대한다면 최상이 아닐까. 그런
생각을 해 본다.

아르헨티나, 늦깎이로 기본소득에 박차

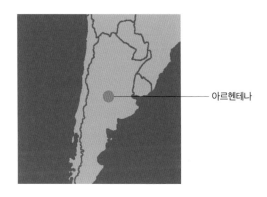

아르헨테나

    지난 3월 유엔이 발간한 보고서에 따르면, 라틴 아메리카인 2천 2백만 명이 빈곤 상태에 빠져있다. 이 숫자는 코로나19 이전보다 3배 이상 증가한 것이다. 지난 20년 이래 가장 많다. 빈곤 상태란 하루 5.5달러(약 6,000원) 이하로 살고, 최빈 상태란 하루 1.9달러(약 2,000원) 이하로 사는 것이다. 유엔은 더는 이러한 불평등을 두고만 볼 수 없다고 염려한다. 라틴 아메리카 경제위원회는 이 상황을 극복하기 위해 기본소득을 창설할 것을 호소하고, 이 새로운 사회계약이 더욱 지속적인 방향으로 설계되길 바라고 있다.

    라틴 아메리카의 기본소득 지지자들은 칠레 푸에르토 몬트

(Puerto Montt)에서 기본소득 회의를 개최하려 했지만, 코로나가 악화돼 취소했다. 한편, 우루과이는 학계가 나서 기본소득 네트워크를 만들고, 정치그룹 Frente Amplio는 기본소득 법안을 이미 제출했다. 최근에는 기본소득 안을 개발 중이다. 멕시코 역시 기본소득에 관한 관심이 크고, 과반수 국민이 지지하고 있다.

아르헨티나도 상황은 비슷하다. 우루과이나 다른 라티노 국가보다 늦깎이지만 최근 학계의 관심이 고조되고 기본소득에 대한 연구물이 증가하고 있다. 여기에는 아르헨티나의 빈곤과 불평등 문제가 깊게 깔려 있다.

2019년 말 아르헨티나의 빈곤율은 35.5%. 아르헨티나인 10명 중 한 명이 생필품을 살 수 없는 지경이다. 인플레이션도 심각해 40%에 달한다. 2019년 말 아르헨티나의 국내 총생산액은 9.9% 수축했다. 실업률(13.1%) 또한 지난 15년 이래 최악이다.

페르난데스(Alberto Fernández) 정부(중도좌파)는 9백만 명의 아르헨티나인에게 생활보조금을 지원하고 무료급식 프로그램을 운영할 것을 약속했다. 경제학자 아론스킨드(Ricardo Aronskind)는 AFP와의 인터뷰에서 "빈곤율을 줄이기 위해 이러한 정책은 오래전부터 시작됐어야 한다."라고 아쉬워했다.

아르헨티나 기본소득 네트워크 회장 브올로(Ruben Lo Vuolo)에 따르면, 아르헨티나에서 기본소득 관련 연구가 진행되고

〈소외와 투쟁하는 기본소득〉이란 책이 출간된 것은 1995년. 이 책은 그 당시 학자들뿐만 아니라 정계에도 큰 반향을 일으켰다. 특히 급진 시민연합당(U.C.R) 의원들을 비롯해 많은 사람은 청년 기본소득법을 만들 것을 요구했다. 이에 부응해 칼이오(Elisa Carrió) 의원은 다양한 정치인들의 지지를 얻어 법안을 제출했다. 그러나 아이러니하게도 국회에서 전혀 논의하지 않았다. 결국, 2000년 국민전선이 청년 기본소득을 빈곤 퇴치 정책에 포함해 탄생시켰다.

그 후 2003년 기본소득 네트워크가 공식 창설되고, 기본소득 지구 네트워크(Basic Income Earth Network)의 회원이 되었다. 하지만 아르헨티나의 정계나 학계는 이에 큰 관심을 두지 않았고, 나중에서야 보편적 아동수당이 공표됐다.

이처럼 아르헨티나는 매번 기본소득 운동이 엇박자를 내면서 라티노 국가 중 기본소득의 지각생이 되었다. 다행히도 최근 정계와 학계의 관심이 고조되면서 가속화 조짐을 보인다. 특히 웹사이트와 SNS를 통해 활발한 활동이 전개되고 있다. 기본소득 운동이 좀 더 거국적으로 이루어지기 위해서는 학계, 정계, 시민사회, 이 3박자가 리듬을 맞춰 합창해야 함을 아르헨티나의 사례는 알려준다. 그렇다면 한국의 기본소득 운동은 지금 어디쯤 가고 있는가. 이 3박자는 언제 맞추어질 것인가. 자못 궁금하다.

토고, 노비씨로 기본소득 첫걸음

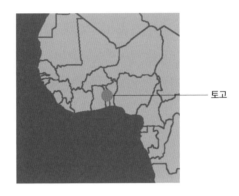

토고

토고(Togo)는 아프리카 서쪽에 있는 작은 나라다. 이곳 역시 기본소득이 싹트고 있다. 토고 정부는 코로나 위기를 타개하고자 연대 보편소득(revenu universel de solidarité)을 긴급히 내놓았다. 이는 기본소득에서 영감을 얻은 것이다.

8-5-5. 이 숫자들은 토고의 수도 로메(Lomé) 거리의 판매상들, 재봉사들, 요리사들이 코로나 정국에도 아이들을 양육할 수 있게 해 준다. 코로나로 직업을 잃은 여인들은 각자의 핸드폰에 이 세 숫자를 누르면 연대 보편소득을 받게 된다.

노비씨(Novissi). 이 프로그램의 이름이다. 노비씨는 Togocom(T-Money)과 Atlantique Télécom (Flooz)을 이용한 전면 디지털

장치다. 지난해 도시가 봉쇄된 4월 8일에서 6월 6일까지 로메와 차우조(Tchaoudjo)에서는 57만 명이 노비씨에 접속했다. 이런 규모는 아프리카 사상 처음이다.

로메에서 시작된 노비씨는 코로나의 악화로 활동을 제약받던 시기, 농촌지방 수두(Soudou)까지 확대됐다. 신청대상은 18세 이상 토고인. 단, 성인임을 전자카드로 증명하고 직업과 거주지를 밝혀야 한다.

경제통신 장관 로송(Cina Lawson)은 "소득은 매월 2회 지급되며, 원칙상 사회보장제도의 혜택을 받지 못하는 일일 노동자와 코로나로 일자리를 잃은 사람이 대상이다."라고 말한다. 수급액은 월 12,250 CFA프랑(약 2만5천원).

코로나로 국가비상사태였던 3개월간 노비씨로 지급된 총액은 113억 CFA프랑(약 234억 원). 토고 정부가 경기 재활성 자금과 국가연대자금이란 명목으로 비용을 마련했지만, 민간기업들도 파트너로 참여했다. 프랑스 발전기구(Agence française de développement: AFD)도 30억 유로(약 4조 원)를 지원해 재원은 더욱 풍부해졌다. 노비씨가 큰 반향을 일으키자 세계보건기구, 세계은행, 그리고 여러 전문가는 아낌없는 지지를 보내 파트너는 계속 증가하는 추세다.

노벨경제학상을 받은 뒤플로(Esther Duflo)와 바너지(Abhijit Banerjee)도 찬사를 보내며, 아프리카와 같은 개발도상국에서는 노비씨와 같은 효과적인 사회경제정책 모델이 필요하다고 강조했다. 이들은 빈곤국의 주민들이 생필품을 마련할 수 있도록 기본소득을 전개할 것을 오랫동안 주장해 왔다.

UN(국제연합)사무총장 구테흐스(Antonio Guterres)도 "새 시대의 사회보장정책은 보편건강보험과 기본소득을 포함해야 한다."라고 호소하고 있다. UN은 지난해 7월 "코로나19의 사회경제적 영향"에 관한 보고서에 노비씨를 모범사례로 들었다. 스테이너(Achim Steiner) 국제연합개발계획 이사는 "여러 나라는 이미 일시적 기본소득을 도입했다. 토고 정부도 1,950만 달러(약 219억)를 노비씨를 통해 12%가 넘는 국민에게 매월 원조하고 있다. 주로 불안정한 일을 하는 여성들이 수혜자다"라고 평가했다.

이처럼 나싱베(Faure Gnassingbé) 대통령의 도전은 성공적인 첫걸음을 내디뎠다. 토고 정부는 이 프로그램을 계속 유지하겠다는 전략이다. 로송 장관은 중장기적으로는 모든 사회보장 수당을 한 부처로 모으고 전속 플랫폼으로 노비씨를 고려하고 있다.

그러나 경제학자이자 세계은행의 복지전문가 젠틸리니(Ugo Gentilini)는 "노비씨는 엄밀히 말해 공통된 기본소득과는 좀 거리가 있다"라고 말했다. 하지만 기본소득 정의는 수없이 많다. 지급 조건에 따라 다르기 때문이다. 토고의 노비씨는 분명 보편적 기본소득은 아니지만, 기본소득으로 가는 길목으로 들어섰다는 것은 확실하다. 정상을 한걸음에 성큼 도달하는 것만 맛은 아니다. 한 걸음 한 걸음씩 음미하며 가는 재미도 크다. 가장 중요한 것은 목표를 정하고 나아가는 것이다.

케냐, 마가와의 기본소득은 빛과 소금

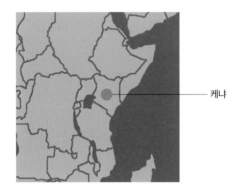

케냐

세계 NGO 단체 Give Directly에 따르면, 세계 7억 인구가 극심한 가난 속에 허덕이고 있다. 이들에게 생존소득을 주려면 800억 달러(약 90조 400억 원)가 필요하다. 이 액수는 연간 공적개발원조 예산의 절반이다. 케냐 책임자 테티(Caroline Teti)는 "우리는 빈곤을 타파하는 데 현금 이상 좋은 것은 없다고 생각한다. 이는 간단하고 즉각적인 효과를 본다."라고 설명한다.

소로스(George Soros)의 오픈 소사이어티와 이베이(ebay) 창업자 오미디야르(Pierre Omidyare)의 오미디야르소사이어티로부터 재정을 지원받는 Give Directly는 가난한 사람들에게 돈을 직접 주는 "직접원조(aide directe)" 운동을 펼친다.

이 단체는 케냐인 수천 명에게 기본소득으로 현금을 나눠주는 실험을 몇 년째 계속하고 있다. 키수무(Kisumu) 도로에서 한 시간 반 떨어진 마가와(Magawa)는 그중 한 곳. 케냐의 세 번째 도시인 이곳은 호젓하고 열대식물이 울창하다. 일자리는 가뭄에 콩 나듯 하다. 나무 숯을 만드는 일 외에 건설현장의 아르바이트 정도가 전부다. 마가와의 주민들은 Give Directly 덕에 매월 초 케냐 돈 2,250실링(약 2만 7천 원)을 받는다.

여기에 드는 전부 비용은 2,800만 달러(약 315억 원). 이 실험은 세 가지 원칙을 고수한다. 소득에 상관없이 모든 주민에게, 조건 없이 나눠주고, 소비를 감시하지 않는다. 그리고 주어진 기간 동안 소득을 보장한다.

완돌라(Wandola)는 "저는 더 남편에게 도와 달라고 하지 않아도 돼요"라며 기뻐한다. 그녀는 기본소득을 받아 닭 60마리를 사서 장사를 시작했다. 아스완(Aswan)은 "전에는 월말에 얼마를 벌지 예측할 수 없었어요. 하지만 지금은 계획할 수 있어요"라며 흐뭇한 표정이다. 우오르 오골라(Jennifer Owuor Ogola)는 수급 일을 애타게 기다린다. "돈이 나오는 날 난 아침 일찍 시장으로 뛰어가요"라며 기뻐서 핸드폰을 흔들어 댄다. 70살인 이 할머니는 어려운 삶을 살았지만, 기본소득을 받기 시작한 2016년 말부터 생선과 고기를 정기적으로 사고 부업을 만들어 물을 집까지 끌어왔다.

기본소득은 이처럼 계획 없이 배고픈 채 웅크리고 자고, 그다음 날 똑같은 생활을 반복하는 사람들을 변화시키고 있다. 소비에 대한 예산을 세우고 삶을 계획 가능케 하고, 병에도 덜 걸리게 한다. Give Directly의 목적은 간단하다. 수혜자들이 기본소득으로 투자를 할 수 있는지 그 효과를 측정하려는 것이다. 여기에는 철학적인 개념이 깔려 있다.

이 단체의 공동창립자 파이에(Michael Faye)는 "흔히 가난한 사람들은 스스로 결정할 능력이 없다고들 한다. 그러나 이들은 소득을 받아 식료품을 사고, 암소나 염소를 사서 자립의 발판을 다지고 있다. 자기 돈을 자기 스스로 결정해서 쓸 수 있다는 것을 여실히 보여주고 있다"라고 평가했다. 그는 또한 "가난한 사람들 역시 사회의 다른 유형의 사람들과 마찬가지로 다양한 욕구가 있고, 다양한 해결책을 원하고 있다"라고 덧붙였다.

인간이 존엄을 지키고 살 수 있게 도와주는 기본소득. 마가와의 사례는 이를 생생히 보여준다. 자포자기한 사람들에게 적은 돈이 빛과 소금이 된다는 사실. 이러한 기본소득은 인류의 생존과 평화를 위해 지대한 공헌을 한다. 스톡홀름은 언젠가 노벨평화상을 기본소득에 수여하게 될 것이다. 기본소득에 대한 편견이 강한 사람들은 마가와 주민들의 변화를 보고 착상을 바꿀 수 있길 기대해 본다.

이란, 세계 최초 보편소득

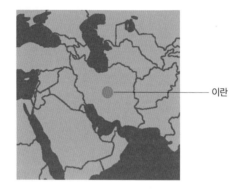

이란

석유 수출국 이란은 부자다. 그러나 이란엔 가난한 사람들이 참 많다. 아이러니다. 토크빌이 1833년 영국을 방문하고 부자 나라에 웬 가난한 사람들이 이리 많냐며 깜짝 놀랐던 장면을 떠올리면 이 상황이 좀 이해가 갈까. 아무튼, 이란의 불평등은 정책의 실패. 국가의 책임을 이야기하지 않을 수 없다. 인구 8,500만 명, 이 중 3분의 2는 도시에 거주한다. 인플레이션도 늘 존재한다.

이란 정부는 헌법에 명시된 국민의 사회적 권리를 보장하지 않았다. 그러니 국가의 원조를 받지 못하고 소외된 채 사는 사람들이 많을 수밖에. 공적 원조는 대부분 에너지, 밀가루, 우유, 식용유, 설탕을 사는 데 필요한 보조금 정도. 이 중 에너지 비용은 보조금의 약 90%. 국내 총생산의 30%였다. 이는 과도한 에너지 사용과 밀수를 조장했다. 게다가 에너지 보조금의 70%는 상위 30%에게 돌아갔다. 1인당 식량 소비는 모두 비슷한데 에너지 소비는 상위 10분위가 하위 10분위보다 5배 더 많았다.

이란 정치인들은 이러한 불합리한 정책을 바로잡아야 했다. 그러나 그 어떤 지도자도 해결하려는 의지가 없었다. 다행히 라프산자니(Rafsanjani) 정부(1989 - 97)와 하타미(Khatami) 정부(1997 - 2005)에서 이 문제를 해결하고자 했다. 하지만 의회의 강한 반발로 불발에 그쳤다.

2008년 6월 23일 아마디네자드(Mahmoud Ahmadinejad) 대통령이 칼을 뽑아 들었다. 그는 환경을 보호하고 낭비를 줄이기 위해 세재, 관세, 은행, 보험 등의 개혁과 함께 휘발유, 전기, 식료품 보조금 대신 전 국민에게 현금을 주는 계획을 발표했다. 이때 그는 가난한 시민들을 초대해 그들의 경제 사회학적 상황을 설문 조사해 자료를 모았다. 하지만 특권층들은 이 개혁에 저항했고 하는 수 없이 개혁안은 수정돼 채택됐다.

그리고 2010년 가을 이란 정부는 에너지와 식료품 보조금 대신 전 국민에게 기본소득을 배당하기 시작했다. 온라인을 통해 445,000레알(reals)을 각 개인 계좌로 매월 입금한다. 이 금액은 2,800만 이란인의 월 지출액보다 많고, 비숙련노동자 월급의 10%에 육박한다.

이란의 이러한 기본소득은 빈곤율을 감소시키는 데 상당히 공헌하고 있다. 2002년에 0.44였던 지니계수(Gini's coefficient)가 지금은 0.399다. 지니계수가 0.4 이상이면 그 나라의 소득 불평등은 심각한 수준이다. 이 기준으로 보면 이란의 소득 불평등은 적신호를 벗어난 상태다.

이란의 기본소득은 세계 최초의 보편 기본소득이란 점에서 주목을 받는다. 전 인구의 95%인 7,500만 명이 기본소득 대상이고 노동과 무관하다. 지금까지 세계의 기본소득을 살펴보았지만 이처럼 전국 단위로 모든 국민에게 현금을 나눠주는 나라는 없었다. 물론 알래스카 주도 이란처럼 주 정부가 모든 시민에게 현금을 배당하고 있긴 하다. 하지만 양쪽은 차이점이 있다. 전자는 지역이, 후자는 전국이 단위다. 또한, 재외국민들이 받는 소득 수준도 다르다. 이란이 알래스카보다 더 높다. 이란의 경우 아이들이 받는 수급액과 어른들이 받는 수급액이 같다는 점도 차이다.

기본소득 지지자들은 이러한 이란의 경험을 보조금 정책 개혁의 좋은 선례가 될 것으로 전망한다. 또한, 한계는 있지만, 기존 정책들을 개혁하면 전 국민에게 기본소득을 지급할 수 있다는 사실 또한 보여준다. 여기서 중요한 사실은 리더의 강력한 의지다. 결국, 기본소득의 실현 여부는 재원보다 위정자들의 의지가 관건일지도 모른다.

인도, 지방정부가 중앙정부를 이끄는 기본소득

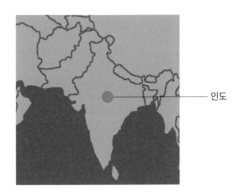

인도

인도는 중국 다음으로 인구가 많다. 우리의 20배가 넘는 13억이다. 이 중 3분의 2는 빈곤 상태에 놓여있다. 아동 두 명 중 한 명은 영양실조다. 특히 인도 중부의 마디아 프라데시(Madhya Pradesh) 주의 고다쿠르(Ghodakhurd)와 자그말 피팔야(Jagmal Pipalya) 마을은 가장 심하다. 영양실조와 설사병으로 죽어가는 아이들을 일상적으로 볼 수 있다.

이러한 상황의 반전을 기대한 걸까. 마디아 프라데시 주 정부는 기본소득 실험을 단행했다. 2011년부터 2013년까지 3년간 고다쿠르와 자그말 피팔야, 그리고 다른 일곱 개 마을의 주민들에게 성별, 나이, 신분, 직업과 관계없이 매월 200루피(약 3160

원)를 지급했다. 아동들에게도 100루피(약 1580원)를 줬다. 수혜자들은 총 6,000명. 이들은 기본소득을 받아 식료품비, 보건비, 교육비 등 필요한 곳에 사용했다. 이 소득은 직장 없이 살기에는 역부족이지만 의식주를 해결하기에는 유용했다. 유니세프(UNICEF)는 2014년 12월 뉴델리에서 열린 세계회의에서 마디아 프라데시의 기본소득 실험 보고서를 영어와 힌두어로 출판하고, 성공 사례로 소개했다.

더욱더 혁명적으로 기본소득을 이끌어 가려는 주 정부도 나왔다. 대표적인 곳은 시킴(Sikkim)주. 인도 북동부에 있는 시킴주는 시킴민주전선(SDF: Sikkim Democratic Front)이 통치하고 있다. 시킴민주전선은 2019년 지방선거 이전에 기본소득 강령을 시행했고 2022년부터 착수할 것을 다짐했다. 인구 61만 명의 시킴주는 관광산업이 발달하고 생활 수준도 인도 평균을 웃돈다. 이곳은 진보적 조처들을 취한 주로 유명하다.

주 정부들의 동력 때문이었을까. 중앙정부가 나서 기본소득 운동을 하기 시작했다. 인도 정부는 2017년 1월 발간된 〈경제 서베이(Economic Survey 2016-17)〉에 일면을 할애해 기본소득의 정의와 필요성을 밝혔다. 이때 마하트마 간디의 "모든 사람의 눈물을 닦아준다(wiping every tear from every eye)"는 말을 인용해 기본소득의 정통성을 찾으려고 시도했다. 인도 정부는 기본소득을 통해 오랜된 인도 가부장제의 폐해를 줄이고,

자유를 촉진하고 노동시장의 유연성을 높여 빈곤을 감소시킬 수 있을 것으로 생각했다. 또한, 정부 급여의 낭비를 줄이고 생산성을 높일 수 있을 것도 전망했다. 마침내 좌파뿐만 아니라 우파 사상가들의 지지를 끌어내는 데 성공했다.

모디((Narendra Modi) 수상은 기본소득제 시행을 공식화하고, 일정액을 소득이 없는 시민들의 은행 계좌에 입금할 것을 밝혔다. 집권당인 바라티야 자나타 당(Bharatiya Janata Party)은 힌두벨트 지역에서 선거를 패배하자 거점을 상실했고, 농업 침체와 실업률의 증가로 경제위기를 맞았다. 따라서 경제 취약 부문에 10%의 쿼터를 지원하겠다고 밝혔고 경제침체에서 벗어날 목적으로 기본소득을 실시하겠다는 약속을 했다. 한편, 텔랑가나(Telangana)주의 현금지원 프로그램 '농민투자지원(Rythu Bandhu scheme)'이 민심을 움직여 텔랑가나 라시트라 사미시(Telangana Rashtra Samithi)당이 선거에서 이겼다는 사실이 모디정부를 움직인 면도 크다.

이처럼 인도는 주 정부가 나서서 기본소득을 실험하거나 추진하고, 그 동력이 중앙정부를 밀어 올리는 모양새다. 이러한 인도를 보면서 우리나라 경기도의 기본소득 운동도 머지않아 우리 중앙정부를 움직이고, 나아가 좌·우파 경계를 무너뜨릴 수 있을 것이라는 야릇한 희망을 품어본다. 그런 타이밍이 내년 대선으로 이어질 조짐이다.

일본, 기본소득 재원 마련이 최대 쟁점

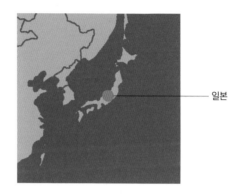

일본

    일본이 기본소득제에 관심을 둔 건 최근이다. 2001년 사회학자 다케가와(武川 正吳)는 학생들이 기본소득을 공부할 수 있도록 '사회정책 교과서'를 출간했다. 그러나 처음 5년간, 기본소득은 실현 가능한 정책이 아니라 유토피아적 발상이라는 생각이 지배적이었다.

    2006년 이후부터 상황은 반전해 기본소득제 연구가 활발해졌고, 2010년까지 출판된 논문은 108개나 됐다. 특히 야마모리(山森 亮) 교수는 〈기본소득 입문(ベ―シック・インカム入門)〉을 출판해 큰 반향을 일으켰다. 금상첨화로 2010년 "기본소득 일본 네트워크(BIJN)"가 창설됐다. 이때부터 일본 정치권은 기본소득에 눈을 뜨기 시작했다.

2010년 참의원 선거에서 신당 일본(新党日本)이 처음으로 기본소득을 거론했고, 모두의 당(みんなの党)은 기본소득이라는 명칭은 사용하지 않았지만 '기초연금과 생활보호 수당을 통합한 미니멈 인컴'을 공약했다. 그러나 기본소득이 정치적 아젠다로 크게 주목받은 것은 2017년 중의원선거. 동경 도지사 고이케(小池百合子)가 이끄는 희망당(希望の党)이 AI(인공지능) 시대를 맞이하여 기존의 사회보장제도를 기본소득제로 전환할 것을 주장했다. 모두의 당과 신당 일본 역시 기본소득을 공약했고, 일본 사민당과 공산당은 불평등 시정을 위해 기본소득이 필요하다는 입장을 취했다.

그러나 일본 우파정부는 좀처럼 움직이지 않았다. 여론은 "일하지 않는 자 먹지도 말라"는 일본의 교육문화에 강하게 영향을 받아 기본소득에 둔감했기 때문이다. 하지만 코로나19로 상황은 급회전하고 있다. 스가(菅義偉) 총리의 경제고문 다케나카(竹中平蔵)가 기본소득을 주장하고 나섰다. 다케나카는 모든 일본인에게 매월 7만 엔(약 70만 원)을 현금으로 지급하자고 제안한다. 그는 기본소득제가 기업가 정신을 촉진하고 정보혁명으로 일자리를 잃은 사람들을 도울 것이라 기대한다. 따라서 지금부터 4~5년 안에 기본소득을 실시하자고 스가 총리에게 건의하고 있다.

이러한 다케나카의 기본소득 안을 일부 경제학자들은 대환영한다. 동경 코마자와대학(駒澤大学)의 거시경제학 교수 이노우에(井上 智洋)는 "인공지능 등의 개발로 일자리가 감소하는 중에 코로나19까지 겹쳐 설상가상이다. 현시점에서 기본소득과 같이 경제적 격차를 줄이는 치료제가 필요하다"라고 주장한다.

그러나 일본 역시 재원이 관건이다. 다케나카는 기존의 공공복지 수당을 줄여 기본소득 비용을 충당할 것을 제안한다. 하지만 경제학자들이나 사회보장제도 전문가들은 "일본 국민이 기존 사회보장제도를 줄여가면서까지 기본소득제를 도입하는 것은 용납하지 않을 것"으로 보고 있다. 다이와 연구소(大和研究所)의 간다(神田 慶司) 경제학 박사는 기본소득제 도입을 원한다면 기존의 사회보장제도와 퇴직연금제를 당장 개혁해야 한다고 주장한다. 그러나 이에 대한 일본인들의 이해를 구하기는 쉽지 않으리라고 전망한다. 간다 박사는 이러한 개혁을 단행하지 못한다면 증세는 불가피할 것으로 전망한다. 결국, 다케나카식 기본소득이 실시되려면 일본은 매년 100조 엔이 필요하고, 이는 복지 및 공적연금과 같은 사회보장비의 80%를 차지한다.

일본 우파정부의 이 같은 기본소득제 제안은 필시 청신호다. 다만 재원을 둘러싼 사회적 갈등은 남아있다. 일본 정부가 제시하는 안은 자유주의적 모델이기 때문이다. 이에 좌파나 일본인들은 과연 동의할 것인가. 기본소득은 한 가지 모델만으로 결코 밀어붙일 수 없다. 개념을 정립하고 시나리오를 개발해 국민과 협의해 최종안을 도출해야 한다. 기본소득, 안심 소득을 이야기하는 우리 정치인들은 이 점을 얼마나 고려하는지 자못 궁금하다.

마카오, 카지노산업이 기본소득의 주요 재원

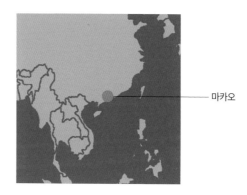

마카오

1999년 중국령이 된 마카오. 하지만 50년간 중국 정부의 간섭을 받지 않는 특별행정구(Macau Special Administrative Region: SAR)다. 오랫동안 포르투갈의 지배를 받은 유럽풍 도시다. 서구식 건물들과 즐비하게 늘어선 카지노. 세계 제일의 도박 도시가 되기에 충분하다. 카지노로 연간 벌어들이는 돈은 약 2백억 달러(약 22조 원). 마카오 특별행정구 총생산액의 40%다. 마카오 정부는 이 돈으로 시민들에게 국가 보너스를 지급하고 있다.

Wealth Partaking Scheme(現金分享計劃: 부의 분할계획). WPS는 2008년부터 마카오 특별자치 정부가 마카오 거주 증명서를 가지고 있는 시민들에게 현금을 지급하는 정책이다. 주요 목적은 경제발전의 과실을 주민들과 공유하고 인플레이션을 완화하는 것이다. 수급 조건은 거주 증명서를 갖고 있거나 증명서 갱신이 가능하면 된다.

2008년 프랜시스 탐(Francis Tam) 마카오 재정경제사장(財政經濟司長, Secretary for Economy and Finance)은 모든 영주권자와 일시거주자에게 각각 5,000파타카(patacas, 약 75만 원)와 3,000파타카(45만 원)를 기본소득으로 지급했다. 이해 11월 8일 마카오의 행정 수반 이드문드 호(Edmund Ho)는 2007년과 2008년의 재정 위기로 인한 마이너스 경제를 회복하기 위해 2009년 수당을 올리겠다고 밝혔다. 영주권자는 6,000파타카를, 일시거주자는 3,600파타카를 받는 것이었다. 이 수당은 마카오 주민들이 금융위기를 타개하는 데 큰 힘이 되었다.

2010년 11월 새 수장이 된 페르난도 추이(Fernando Chui)는 국고의 감소로 기본소득을 영구거주자와 일시거주자에게 각각 4,000파타카와 2,400파타카를 지급했고, 2011년에는 각각 3,000파타카와 1,800파타카를 지급했다.

2014년은 수급액이 늘어 영구거주자는 9,000파타카를, 일시거주자는 5,400파타카를 받았다. 2017년 WPS를 위한 예산은 60억 파타카(약 8,463억 원). 이는 2016년과 흡사했다. 2017년에는 영구거주자에게 9,000파타카를, 일시거주자들은 5,400파타카를 배당했다. 총 수혜자는 마카오 시민 63만8천6백 명과 일시거주자 6만2천 명으로 총 70만. WPS는 지금도 꾸준히 지급되고 있지만, 수급액은 해마다 다르다. 단지 18세 미만의 수혜자들은 다른 절차를 밟아야 한다. 이들은 부모나 자신이 사용할 수 있도록 만든 수표를 받고 있다. 이 수표는 수혜자나 그들의 부모 계좌에 예치할 수 있다.

또한, 마카오 정부는 2010년부터 WPS 수당뿐만 아니라 Provident fund individual accounts(프로비던트 펀드 개별 계정)에 연간자본을 투여하고 있다. 이 계정은 마카오에 거주하는 22세 이상의 시민에게 배당되고, 이들은 장려 기본기금과 흑자 예산 특별 할당금을 받는다. 이 수당은 신청 없이 자동으로 지급된다.

이처럼 마카오 사례를 통해 기본소득의 재원이 다양하다는 사실을 알 수 있다. 기본소득을 이야기하면서 우리는 재원으로 기존의 복지제도를 통폐합하거나 토지세, 로봇세, 탄소세 등을 신설하는 것을 생각한다. 하지만 마카오는 우리의 고정관념을 깨고 도박으로 번 돈이 기본소득의 재원이 되고 있다. 그리고 마카오 정부는 "경제발전의 과실을 주민들과 공유하고 인플레를 막겠다"라는 의도로 기본소득을 실시하고 있다. 누이 좋고 매부 좋기 위해서다.

기본소득은 경제발전의 과실을 국민과 공유하겠다는 정직함이 있을 때 가능하다. 우리도 눈부신 경제발전을 이루지 않았는가. 이 과실을 국민과 함께 나누겠다는 생각을 해야 한다. 한국 부자들은 그런 의미에서 미국 부자들처럼 기본소득 운동에 앞장서야 한다.

스위스, 기본소득에 No 했던 정부의 고민

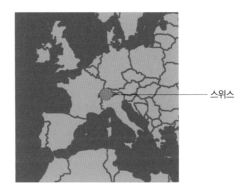

스위스

일하지 않는데 누가 매월 300만 원을 계좌에 넣어준다고 약속했다면 여러분은 믿겠는가. 스위스 연방정부는 지난 2016년 6월 모든 사람에게 조건 없이 기본소득을 주는 의향을 물었다. 모두가 환호할 줄 알았지만 정작 스위스 국민 77%는 국민투표에 No라고 답했다.

스위스 기본소득 안은 성인에게 2,500CHF(스위스프랑, 약 310만 원)를, 미성년자에게는 650CHF(약 81만원)를 주는 것이었다. 스위스가 이 기준으로 기본소득을 실시하려면 2,080억 프랑(약 248조 원)이 필요하다. 이 재원의 상당 부분은 각종 수당과 사회보험들을 철폐해 충당해야 하지만, 그래도 250억 프랑(약

31조 원)이 모자란다. 기본소득 지지자들은 전자상거래에 세금을 0.2% 매기면 2,000억 프랑(약 248조 원)이 발생하므로 충당할 수 있다고 주장한다. 스위스 기본소득의 대부인 랄프 쿤디그(Ralph Kundig)는 기본소득은 오래된 꿈이지만 가속되는 로봇화로 실업률이 증가하고 있어 현실화할 수밖에 없다고 설명했다.

스위스 기본소득의 대상은 스위스 국민과 스위스에서 5년 이상 거주한 외국인이다. 이 기본소득의 목적은 빈곤율을 줄이고 사람들이 직업을 자유롭게 선택할 수 있도록 해 주기 위해서였다. 스위스는 다른 유럽 국가보다 빈곤율이 매우 낮다. 그런데도 기본소득을 도입하려고 했던 것은 4차 산업혁명에 미리 대비하기 위해서였다. 하지만 과반수의 스위스 국민은 이에 반대했다. 이는 그리 놀라운 결과가 아니다. 스위스 국민은 지난 2012년에도 유급휴가를 4주에서 6주로 연장하자는 법안에도 반기를 들었다. 그 이유는 노동의 경쟁력이 약화되는 것을 두려워했기 때문이다.

반대파들은 기본소득에 드는 천문학적 비용(2천8십억 프랑)을 들어 반대했다. 이 액수는 스위스 국내 총생산액의 3분의 1을 차지한다. 강경파들은 부가가치세 8%를 올려 재원을 만들어도 2백5십억 프랑을 넘을 수 없다고 회의적으로 보고 있다. 녹색당을 제외한 스위스의 다른 정당들은 기본소득 비용이 너무 막대해 유토피아적 프로젝트라고 반격했고, 제네바의 국제통화연구센터 단장 샤를르 위플로(Charles Wyplosz) 역시 마르크스주의적이라고 비난했다. 기본소득을 받으면 사람들은 분명 노동을 줄이게 된다. 그렇다고 해서 기본소득을 마르크스주의적이라고 볼 수는 없다. 현대적 기본소득 이론을 세운 사람은 20세기의 대표적 자유주의자였던 프리드리히 하이에크(Friedrik Hayek)와 밀턴 프리드먼(Milton Friedman)이었다. 이들은 국가가 관료주의 비용을 철폐하고 국민에게 최저생계비를 제공해주는 것이 정당하다는 논리를 펼쳤다.

그러나 사실, 스위스 국민이 기본소득제에 반대했던 가장 큰 이유는 스위스의 기본소득은 완전 기본소득이 아니었다. 다시 말해 매월 3,260프랑(약 400만 원)을 받는 최저임금 노동자는 일하지 않고 기본소득을 받는 사람보다 겨우 760프랑(약 94만 원)을 더 받는다. 따라서 불만과 질투가 따를 수밖에 없다. 또한, 2,500프랑은 큰돈이지만 스위스에서 생활하기에는 충분하지 않다.

코로나 팬데믹 속에서도 스위스인들은 여전히 기본소득을 반대하고 있을까. 스위스 역시 다른 이웃 국가들처럼 기본소득 논의가 재점화되고 있다. 관광 가이드를 하는 어빈 파슬러(Erwin Fässler)는 코로나로 일도 없고 수입도 없다. 2020년 3월 파슬러는 모든 스위스인을 위한 기본소득 창설을 위해 인터넷 서명운동을 시작했다. 그가 이끄는 운동은 순식간에 큰 반향을 일으켰고 8만 명의 동의를 끌어냈다.

한편, 스위스 녹색당 역시 기본소득 전투를 다시 시작하기 위해 군불을 지피고 있다. 이들은 코로나19로 인해 현재 사회 모델이 안고 있는 한계가 여실히 드러났다고 주장한다. 제라르 앙드레이(Gerhard Andrey) 의원은 "현재 우리가 사용하고 있는 시스템은 매우 무겁고 상처투성이다. 기본소득은 더욱 간편하고 더욱 가치 있는 대안이 될 것이다"라는 평가를 했다. 하지만 2016년 국민투표에서 기본소득을 반대했던 급진 자유당은 여전히 생각을 바꾸고 있지 않다. "코로나로 피해 본 사람들을 돕기 위해 몇 주 동안 100억 프랑이 넘는 돈을 썼다. 앞으로도 수개월간 지속해야 하는데 감당할 능력이 없다"라고 이 당의 부대표는 평가했다.

스위스에서 기본소득 제2막이 과연 다시 오를 수 있을까. 취리히의 작은 마을 라이나우(Rheinau)가 스위스 최초의 기본소득 실험지가 될 예정이다. 그러나 이 기본소득 안을 개발한 사람들은 2020년 4월 말까지도 실험에 쓸 재원을 모으지 못해 고민 중이었다.

네덜란드, 사회보장 개악과 위트레흐트 기본소득 실험

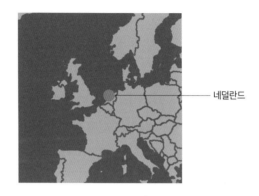

네덜란드

풍차의 나라 네덜란드 역시 복지 선도국이다. 이 나라는 일찍부터 기본소득에 관심을 두기 시작했다. 지난 2016년 1월 제타 클린스마(Jetta Klijnsma) 복지부 장관의 동의로 스무 개 도시가 기본소득 프로젝트 개발을 시작했다. 특히 규모가 크고 역사도 시인 위트레흐트(Utrecht)는 위트레흐트 대학과 함께 실업수당을 받거나 최저사회 수당을 받는 사람 중 300명을 뽑아 기본소득의 사회경제적 실험을 계획했다. 300명의 실험자 중 50명은 매월 900유로(성인 한 사람)에서 1,300유로(자녀가 있는 부부)의 기본소득을 받는다. 이들은 실험 도중 구직을 하거나 다른 수당을 받더라도 매월 받는 기본소득은 중단되지 않는다. 수혜자들은 받은 소득을 생필품이나 주거비로 사용할 수 있다.

이 실험 목적은 기본소득의 작동 여부를 파악하기 위한 것이다. 다시 말하면 기본소득의 효용성을 알 수 있는 신뢰 가능한 자료를 축적하려는 것이다. 네덜란드 국가가 진행하는 "See what works"의 하나인 이 실험은 틸뷔르흐(Tilburg), 흐로닝언(Groningen), 와게닝헌(Wageningen) 등의 다른 도시로도 확대된다. 설계는 위트레흐트 대학 경제학 교수 룩 흐로트(Loek Groot)가 맡았고 모니터링도 진행한다.

정계에서는 녹색당, 자유민주당, 사회당, 노동당이 지지했다. 지구 기본소득 네트워크와 같은 기본소득 지지자들은 기본소득이 불행을 줄이고 불평등에 맞서 인간을 해방할 것으로 전망한다. 또한, 그들은 기본소득이 비생산 활동영역을 활성화할 것을 확신한다. 경제적 구속에서 벗어나면 인간은 직업을 좀 더 자유로이 선택할 수 있고 자원봉사나 자기계발에 투자할 수 있다. 따라서 기본소득은 실직 상태에 있더라도 생활을 할 수 있게 해준다. 위트레흐트의 실험은 이 가설을 검증하기 위한 것이다. 이 실험 프로젝트 매니저 Nienke Horst는 언론과의 인터뷰에서 흔히들 기본소득을 받으면 직장을 구하려고 노력하지 않는다는 말을 한다. 그러나 인간은 보다 행복하면 일할 의욕이 생겨 직장을 찾을 것이라는 생각이 든다."라고 설명했다.

이 실험은 실험자를 6개의 그룹으로 나누어 관찰한다. 첫 번째 그룹은, 실험에 참여하지 않는 기본소득 신청자들로 정상적인 사회부조 시스템을 순순히 따른다. 두 번째 그룹은, 실험에 참여하고자 하는 신청자들로 이들은 현행 사회보장제도로 타격을 입었다. 세 번째 그룹은 사회수당을 받는 신청자들로 그들은 수당을 유지하는 데 있어 일상적인 의무는 면제받고 있다. 네 번째 그룹은 매월 150유로의 추가 수당을 받기 위해 사회적으로 유용한 활동 리스트에서 정규적 자원봉사 일을 골라 해야 한다. 다섯 번째 그룹은, 매월 150유로의 추가 지급금을 받은 신청자들로 사회적으로 유용한 활동 리스트 중 적당한 일을 하나 골라 서비스를 제공하지 않는다면 받은 돈을 상환해야 한다. 마지막 그룹은, 신청자들이 사회보장 제도를 추가 소득으로 채울 수 있는 기본소득으로 변형할 수 있다.

사실 네덜란드는 참여 기본법에 근거하여 사회보장제도를 개혁했다. 직장을 찾고자 하는 사람들은 일자리가 나오면 그 일에 대한 훈련이나 경험이 없는데도 구인을 수락해야 한다. 출근이 3시간 걸리는 곳에 일자리가 있어도 이를 수락해야 한다. 이 새 법은 관료제도의 단점이 나타날 수 있다. 즉, 추가된 규정, 규제, 특별면제, 수당신청 등 절차는 더욱 복잡해져 상담원들의 업무가 더욱 늘어났다. 게다가 신청자들을 제재할 위험이 있다. 이는 갈등을 유발하고 상담원과 신청자 간 불신을 불러일으킨다.

이러한 상황에 대한 특별 처방으로 위트레흐트 시는 기본소득을 생각했다. 빅토르 에버하트(Victor Everhardt) 시 의원은 클린스마 복지부 장관에게 기본소득 실험 승인 요청을 구했다.

위트레흐트의 실험 결과는 정치 사회적 토론에 큰 활력을 주고 있다. 지방정부를 포함한 네덜란드의 결정권자들은 투자 프로그램이나 정책적 효과를 측정하기 위해 이 결과 지표를 사용하기 시작했다. 홈리스의 증가와 저가 주택의 공급 부족은 현재 네덜란드가 처한 가장 큰 사회문제다. 네덜란드의 기본소득 실험은 이처럼 사회가 처한 갈등 양상을 해소할 수 있는 하나의 방안으로 부상하고 있다.

핀란드 기본소득 실험의 증언들

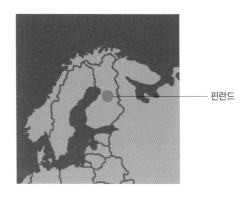

핀란드

기본소득에 무관심한 사람도 핀란드 기본소득 실험은 한 번 쯤 들어 봤을 것이다. 지난 2019년 새해 벽두부터 핀란드는 2년 간 실시한 기본소득 실험 결과를 발표했다. 이해 2월 8일 피르 코 마틸라(Pirkko Mattila) 보건사회부 장관은 핀란드에서는 더 는 기본소득을 도입할 의사가 없다고 공식적으로 발표함으로써 세계 언론의 주목을 받았다.

그러나 핀란드는 지금도 이 결정을 고수하고 있는 것일까. 느 닷없이 닥친 코로나19로 세계의 여러 나라가 경제를 살리고 빈 부 격차를 해소하는 방안으로 기본소득을 이야기하고 있는데 핀란드는 예외일까. 핀란드 역시 팬데믹 국면에 기본소득을 재조명하지 않을 수 없다. 사실 핀란드의 기본소득 실험은 실패한 것으로 보기 어렵다. 기본소득을 받은 수혜자들은 스트레스가 줄고, 행복감이 향상된 것으로 나타났다. 단지 구직으로 이어지는 효과가 미미했다. 기본소득을 받으면서 직장을 찾은 사람의 비율은 43.7%였고 기본소득 없이 직장을 찾은 사람의 비율은 42.85%였다. 이처럼 주목할 만한 성과가 나오지 않자 핀란드 정부는 기본소득에 대해 미온적이었다.

그러나 지금 결과에 대한 해석이 분분하다. 사실 핀란드는 1970년대부터 기본소득을 논의하기 시작해 2016년 '기본소득법'을 제정했고, 2017년 1월부터 1일부터 2018년 12월 31일까지 2년간 기본소득 실험을 했다. 실험은 실업자 중 2천 명을 무작위 추출해 매월 560유로를 아무 조건 없이 주었다. 이들의 나이는 25세에서 58세까지였다.

이 실험 목표는 구직과 안락이라는 관점에서 기본소득 수혜자들이 어떤 반응을 보이는지를 관찰하는 것이었다. 이들이 기본소득으로 받는 560유로는 다른 수당을 받게 돼 소득이 증가하거나, 구직해 근로소득을 받더라도 계속됐다. 이들 그룹은 기본소득 효과를 분석하기 위해 전통적 수당을 받는 17만 3천 명의 그룹과 비교한 것이다.

최종 결론은 2020년 5월 6일 핀란드 사회보장청 Kela (Kansaneläkelaitos)가 공개했다. "구직효과는 빈약했지만, 경제적 안전과 정신적 행복은 우위를 보였다"라는 것이었다. 이처럼 경제적 효과는 적었지만, 정신적 효과는 컸다.

그 실험에 참여했던 몇 사람의 증언을 들어보면 다음과 같다. 41세 요하 야르비넨(Juha Jarvinen). 그는 여섯 명의 자녀를 둔 가장이다. 야르비넨은 Kela로부터 실험대상자로 선정됐다는 소식을 우편으로 받고, 장난이라 생각했다. 그는 갑자기 무거운 짐을 덜게 된 것 같은 기분이었다. "6년간 실업자였던 나는 죄수 같은 삶을 살았다. 이 프로그램은 나를 해방했다. 나는 더 이상 사회의 패자로 비난받지 않고 존엄을 되찾았다"라고 언론과의 인터뷰에서 말했다. 야르비넨은 배선 케이블 공장에서 일하다 목재공장으로 옮겼으나 재정 위기로 폐업하는 바람에 일자리를 잃었다. 그 후 더는 일을 찾지 못했다.

헬싱키에 사는 37세의 미라 야스카리(Mira Jaskari) 역시 실험에 참여했다. 그녀는 기본소득의 조건 없이 자동 지급되는 면을 특히 높이 평가했다. 요리사 자격증과 비서 자격증을 가지고 있는 야스카리는 "서류준비와 심사 없이 매월 소득을 받을 수 있다는 것을 알았을 때 안도의 한숨을 쉬었다"라고 말했다. "일상의 어려움을 타개하기 위한 돈이 모자라는 사람이 많다. 그러나 사회보장제도는 행정적 절차로 모든 에너지를 고갈시킨다."

야스카리처럼 야르비넨도 기본소득을 받아 가장 효과적이었던 것은 일자리를 다시 찾은 것이라고 평가했다. "나는 아이디어가 많다. 하지만 제도가 나를 꼼짝 못 하게 한다."라고 현행 사회보장 정책을 비판했다. 야르비넨은 자기 집에 일종의 아트비엔비(ArtBnB)를 만들어 목공 일이나 북 만드는 기술, 수예품 기술 등을 사람들에게 가르치길 원한다. 그러나 자기회사를 운영하면 수당을 받을 수가 없다. 그는 "어떤 이들은 기본소득을 주면 게을러진다고 생각한다. 그러나 이는 사실이 아니다. 소파에 앉아 날개를 펼치는 사람이 있겠는가"라는 말을 했다. 두 사람의 증언을 통해 우리가 알 수 있는 것은 핀란드 역시 현행 사회보장제도는 행정절차가 복잡하고 낙인을 찍는 단점 있지만, 기본소득은 그 조건들을 해제하므로 인간이 자유롭고 그 자유로운 상태에서 자기 능력을 더 많이 펼칠 수 있음을 알 수 있다. 결국, 기본소득은 인간을 해방하는 하나의 수단이라는 생각이 들었다.

나미비아, 빈곤과 결투하는 정부

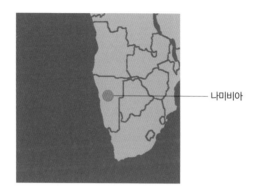

나미비아

독일과 남아프리카공화국의 오랜 식민지였던 나미비아는 1990년 3월에야 독립을 했다. 이 나라의 인구는 2백 6십만 명. 인구밀도가 세계에서 두 번째로 낮은 나라다. 국민의 절반은 15세 미만으로 젊지만 1인당 국내 총생산액은 세계 128위로 대략 인구의 절반이 하루 1,25달러의 국제적인 빈곤선 아래에서 살고 있다.

이런 빈곤과 결투하기 위해 나미비아는 기본소득 실험을 했다. 수도인 빈트후크(Windhoek)에서 동쪽으로 100㎞ 떨어진 곳에 인구 1,200명의 작은 마을이 그 주인공이다. 오미타라(Omitara)와 오치베로(Otjivero). 이 마을들은 기본소득 실험을 하기에 적정한 규모이고 접근성도 좋다. 이 지역의 주민은 대부분 나미비아가 독립 후 여기로 들어와 정착한 사람들이다. 특히 범죄의 온상지로 알려져 기본소득 효과를 알아보기에 안성맞춤이다.

이 지역의 기본소득은 59세 이하에게만 지급됐다. 따라서 아이들과 아기들도 기본소득 대상자다. 이들은 2008년 1월부터 2009년 12월까지 매월 100 나미비아 달러(약 6.5유로)를 받았다. 비용은 매년 20억 N$(약 1억 2천만 유로, 약 1,632억원)로 총 40억 N$가 들었다. 이는 나미비아 GDP의 2~3%에 해당하는 것으로 국가 예산의 5~6%를 차지한다. 60세 이상은 노령연금으로 월 500N$를 받기 때문에 제외됐다.

그렇다면 이 가난한 나라에서 무슨 재원으로 기본소득을 실시한 것일까. 사실, 이 실험은 4개 단체의 연합으로 시작됐다. 교회위원회(CCN)와 나미비아 전국 노동조합(NUNW), 나미비아 NGO 단체 포럼, 그리고 나미비아 에이즈 퇴치조직위원회였다. 이 프로젝트의 지지자들은 비용을 모으는 데 최선을 다했고 점차 나미비아의 기본소득 프로젝트를 지지하는 사람들이 기부금을 내기 시작해 24개월간 지속했다. BIG 프로젝트는 과학적인 평가를 받았고, 연구자들은 2007년 11월 지표조사를 시행해 그다음 해 7월에서 11월 패널조사를 시행했다. 여기에 국제 전문가들도 동참해 조사결과를 분석했다.

오미타라와 오치베로의 기본소득 실험 결과는 눈부셨다. 2008년 기본소득을 시행하기 전 60%에 달했던 실업률이 45%로 줄었고, 극빈층도 86%에서 43%로 감소했다. 식량 빈곤선에 못 미치는 인구도 76%에서 16%로 급감했다. 아동 영양실조는 42%에서 10%로, 취학률도 2007년 11월 60%에서 2008년 95%로 증가했다. 가장 획기적인 결과는 불평등을 측정한 지니계수가 0.58에서 0.56으로 감소한 것이다. 나미비아가 독립할 당시 지니계수는 0.7에 달했다.

오미타라와 오치베로에서 기본소득이 실시되자 다른 지역의 주민들이 자꾸 이주해 들어 왔다. 이는 기본소득을 전국 단위로 확대하자는 논의에 불을 지폈다. 결국, 나미비아 정부는 NAMTAX(Namibian Tax Consortium) 위원회를 발족하고 소득 불평등과 빈곤이 경제성장을 저해하는 요인으로 규명했다. 그리고 사람을 생존경제에서 자유롭게 해 줄 기제로 기본소득을 긴급히 제안했다.

기본소득 실험의 견인차 구실을 했던 경제부 장관 하게 게인곱(Hage Geingob) 박사가 대통령이 되자 나미비아의 기본소득은 더욱 본격화되기 시작했다. 게인곱 대통령은 2015년 10월 부의 재분배와 빈곤의 탈출 국가 컨퍼런스에서 2025년까지 나미비아의 지독한 가난을 축출하는 데 최선을 다할 것을 약속했다. 그리고 그는 나미비아의 기본소득연합(BIG Coalition)

의 책임자로 빈곤 퇴치-사회복지 장관인 카메타(Dr Zephania Kameeta) 박사를 임명했다. 그러면서 전국적으로 기본소득이 채택될 것이라는 기대가 많았다. 2015년 정부는 빈곤에 관한 전국적 대화를 개최하고 사람들은 기본소득 채택을 주장했다.

오미타라와 오치베로의 어떤 주민들은 받은 기본소득으로 씨앗을 사다 농사를 지어 채소를 내다 팔거나 냉장고를 사서 얼음과자를 만들어 내다 팔기도 했다. 케냐의 예에서처럼 가난한 사람은 자립에의 의지가 없는 것이 아니다. 보통사람들처럼 자기 인생을 설계하고 처지를 타개하고자 노력한다. 오미타라와 오치베로의 여인들이 기본소득을 이용해 이익을 창출하고 보다 나은 삶을 만들어나가는 것을 보라.

기본소득 첫 걸음, 편견부터 깨야

우리 사회의 빈부격차가 갈수록 커지고 있다. 경제적 불평등
도 마찬가지다. 2018년 한국의 노인빈곤율은 43.4%로 세계 최
고를 기록했다. OECD(경제협력개발기구) 국가의 평균 3배를 넘는
수준이다. 프랑스(4.1%) 보다 10배 높고 미국(23.1%) 보다 2배
높다. 그런데 이 상황은 노인층에만 한정된 걸까. 절대 그렇지 않
다. 청년빈곤, 청년실업 또한 만만치 않다. 오죽하면 2030의 반
란이란 말이 등장하지 않았던가. 신자유주의 물결의 여파는 세
대 구분 없이 많은 이들을 가난의 문턱으로 밀어 넣었다. 4차 산
업혁명은 이를 더욱 가속화시켰고, 코로나 19는 이에 결정타를
때렸다. 지상 최대의 과제는 경제성장이 아니라 양극화 문제를
푸는 것이다. 그러나 정치권은 이를 해결할 뚜렷한 대안도 의지
도 없어 보인다.

물론 한국 사회에 복지 담론이 등장한 것은 얼마 되지 않는
다. 2010년 처음으로 무상복지가 선거 의제로 부상했고 2년 후

인 2012년 대선은 '복지선거'나 다름없을 정도로 뜨거웠다. 그동안 좌파의 이념적 가치로 간주됐던 평등과 복지를 진보 보수 가릴 것 없이 공약으로 내걸고 우리 사회 내 복지담론을 불꽃 튀게 하였다. 그러나 지금까지 제도는 답보상태이고 복지를 둘러싼 논쟁만 무성하다. 어떤 이들은 보편적 복지를, 또 다른 이들은 선별적 복지를 주장한다. 이러한 논쟁 속에 최근에는 기본소득까지 등장했다. 기본소득을 반대하는 이들은 무조건 퍼주기식 복지를 하면 안 된다고 주장한다. 그들은 '가난한 사람들은 나태하고 타인에게 의지하려는 마음이 강하기 때문에 무조건 주기만 하면 안 된다'는 논리를 펼친다. 그러나 이러한 논리는 상당히 황당무계하다.

지난 2017년 프랑스 NGO 단체인 가톨릭 구조대(Le Secours catholique)가 "가난한 사람들은 항상 더 불행하고, 편견의 희생물"이라는 타이틀로 가난한 자들에 대한 사회적 편견을 고발했다. 프랑스는 복지의 역사가 길고 사회보장제도가 제법 잘 돼 있다. 이러한 제도를 가난한 자들이 악용해 각종 수당을 받기 위해 아이를 낳고, 부정행위를 일삼으며, 일자리를 찾지 않는다고 비난하는 사람들이 많다. 그러나 실상은 어떠한가. 이 단체가 2016년 받은 불우한 사람들은 150만 명이며 그 중 70만 명은 아동이었다. 베르나르 티보(Bernard Thibault) 가톨릭 구조대 사무총장은 "오늘날 우리 보호소의 대부분은 어린이들이다.

이는 불안정한 가정이 점점 늘고 있는 증거다"라고 말했다. 이처럼 한 사람의 불행은 결코 그 사람만의 불행이 아닌 것이다.

프랑스 국립통계경제연구소(INSEE: Institut national de la statistique et des etudes economiques)자료를 보면, 현재 900만 명의 프랑스인이 가난의 문턱에서 살고 있다. 수입이 없는 가정의 급증으로, 전체 인구 6분의 1이 어려운 실정에 놓여있다. 이 중 53%는 외국인으로 일할 권리도, 생활보호 혜택을 정당히 받을 수도 없는 비참한 상태다. 프랑스에 살고 있는 외국인들이 프랑스 복지제도를 악용하고 있다는 것은 편견에 불과하다는 것을 여지없이 확인할 수 있다. 티보 사무총장은 "가난한 사람들에 대한 편견은 지난 20년 동안 더욱 심화되고 있고 사회통합은 약해지고 있다"고 주장했다. 그는 또한 "흔히 가난한 사람들이 시스템을 악용한다고 하는데, 그들 중 40%는 자신의 권리조차 알지 못하고 있다. 편견이나 왜곡된 말들은 그들에게 더 없는 상처가 된다. 이들 중 상당수는 무지하거나 창피해서, 그리고 스스로를 자책해서 자신의 권리를 찾지 않거나 포기한다"는 말을 덧붙였다.

20년 동안 영업보조원, 행정회계보조원 등 닥치는 대로 아르바이트를 해 온 46세의 발레리 씨는 9개월 전부터 실업 상태다. 그녀는 "사람들은 내가 직장을 일부러 그만둔 것처럼 묻곤 한다"며 "날 게으름뱅이 취급하는데 이러한 편견에 상처를 입는다. 우리 중 대부분은 일하려는 의지가 강하다. 하지만 일자리를 쉽게 찾을 수 없다"라고 언론과의 인터뷰에서 하소연했다.

한국도 프랑스와 별반 다르지 않다. 2019년 기준 자산하위 20% 가구의 연평균 소득은 1,155만 원 이었다. 환산하면 가구당 월소득은 96만 원이 된다. 한 가족이 100만 원도 안 되는 돈으로 한 달을 버티려면 도대체 어떻게 해야 할까. 이들은 과연 나태하고 의타심이 강해서 이 지경에 처한 것일까. 변변한 직업을 구하기 어려운 세상에 살다보니 빈곤의 늪에 빠져들고 있는 것이다. 이처럼 고난기를 사는 우리 이웃들에게 한 줄기 빛이 될 수 있는 것은 정기적으로 기본소득을 제공해 주는 것이다. 가난한 사람과 부자가 함께 공존할 수 있는 나라, 그 상생의 사회는 서로가 포용하고 안아 주는 데서부터 시작된다.

레 미제라블(Les Miserables)로 유명한 프랑스의 문호 빅토르 위고(Victor Hugo)는 장발장을 통해 가난한 사람을 궁지로 모는 프랑스의 사회상과 인간군상을 신랄하게 고발했다. 가난한 사람을 유독 옹호했던 위고는 휴머니즘을 최고의 신조로 삼고 평생을 살았다. 그는 최후까지도 가난한 사람들을 걱정하며 그들을 위해 5만 프랑의 유산을 남겼다.

휴머니즘의 실천은 위고처럼 위대한 사람들만이 할 수 있는 거창한 행위가 아니다. 우리 누구나 일상에서 얼마든지 실천할 수 있다. 가난한 사람들을 향한 그릇된 시선과 오해를 풀고 손을 잡아주는 행동이 그것이다. 기본소득이 가난하고 게으른 사람들에게 무조건 퍼준다는 그릇된 편견을 버리고 진정 기본소득이 무엇인지 이해하려는 마음을 갖는 것도 일종의 휴머니즘일 것이다. 지상최대의 과제인 빈곤 문제와 불평등 문제를 해결할 수 있는 하나의 대안으로서의 기본소득. 이 기본소득이 실현되려면 재원 마련보다 더 선행돼야 할 것은 기본소득에 대한 편견을 깨는 일이다.

저자 최인숙 인터뷰

우선 교수님 약력을 말씀해주시면 감사하겠습니다.

파리정치대학에서 여론연구로 정치학 박사 학위를 받았고, 그 후 동경대 사회심리학과에서 박사 후기과정을 마쳤습니다. 현재 고려대 평화와 민주주의 연구소 연구교수로 재직하며 여론과 불평등, 빈곤 문제를 주로 연구하고 있습니다.

정치학자로서 세계 각국의 기본소득에 대해 많은 관심을 두고 계신데요. 관심을 둔 배경은 무엇인지요?

2017년 프랑스 사회당 오픈 프라이머리에서 브누아 아몽이 기본소득제를 들고나와 예상을 엎고 1위를 했습니다. 그 후 대선에서 기본소득제를 사회당의 정책공약 정하고 로봇세를 걷어 기본소득의 재원을 마련하겠다는 아몽의 말에 공감이 갔습니다. 이를 계기로 기본소득에 관

심을 두고 프랑스뿐만 아니라 세계 여러 나라의 기본소
득 진행 과정을 살펴보고 있습니다.

코로나19 이후 기본소득에 대한 논의가 활발해지고 있습니다. 경기도
에서 실험적으로 진행되는 기본소득에 관한 생각을 들어보고 싶습니
다. 경기도의 기본소득이 제대로 된 기본소득이 아니라는 주장도 나오
고 있거든요?

기본소득은 흔히 모든 국민에게 매월 빈곤 수준 이상의
현금을 어떤 의무나 조건 없이 지급하는 것으로 정의되
고 있습니다. 이런 관점에서 경기도의 기본소득을 본다
면 제대로 된 기본소득이 아닐 수 있습니다. 하지만 세계
은행의 경제학자 위고 젠틸리니(Ugo Gentilini)의 말처
럼 기본소득의 정의는 수없이 많습니다. 경기도 기본소
득은 정통 기본소득 개념과는 거리가 좀 있지만, 기본소
득으로 가려는 방향성을 가지고 있다고 보면 맞지 않을
까요.

4차 산업혁명의 대안 중 하나가 기본소득이라는 주장이 나오고 있습
니다. 기본소득이 진정 대량실업 등 다가올 사회적 문제의 해법이 될
수 있을지에 대한 견해는 어떠신지요?

4차 산업혁명은 길게 갈 것이고 따라서 우리를 고통스럽

게 할 것입니다. 기본의 많은 일자리를 앗아가고 있습니다. 고용이 극도로 불안정합니다. 다보스포럼이 발표한 것을 보면 2020년까지 5백만 개의 일자리가 사라졌습니다. 또한, 노동의 우버 화로 독립적인 일자리가 증가하고 있습니다. 새로운 사회안전망이 필요합니다. 기존의 사회보장제도로는 커버할 수가 없습니다. 그리고 일부 국가에서는 기본사회보장제도가 만성적인 병을 앓고 있어 기능이 어렵기도 하고요. 기본소득이 대안이 될 것으로 봅니다. 기본소득은 있는 자의 돈을 걷어 가난한 사람에게 나눠준다는 의미보다 부자들도 함께 사는 데 필요합니다. 자본주의 사회에서 대중이 소비를 않는다면 그 경제는 작동할 수 있을까요? 스위스 정치인 알랭 베르쎄의 말처럼 기본소득은 인류가 생존하는 데 필요한 제도가 아닐까 그런 생각을 해 봅니다.

기본소득 외에 다른 해법을 찾아본다면 어떤 것이 있을지요?

기본소득 외에 일자리를 나누는 일자리 공유 운동이 확대되고 있습니다. 우리도 하는 것으로 알고 있는데 이를 더욱 활성화해야 합니다. 그리고 지극히 개인적인 견해이지만 소비의 패턴을 바꿔야 한다고 생각합니다. 불필요한 소비는 줄이고, 최소한의 물품을 갖춰 살아가는 미니멀 라이프가 필요하다고 봅니다. 더 성장만을 부르짖어서는 안 된다고 봅니다. 전 개인적으로 반성장주의를 외치고 싶지만⋯. 얼마나 많은 사람이 동의할지는 미지수이지요.

현재 논의되는 기본소득은 정치적 셈법으로 접근이 되는 경우가 많습니다. 아직 경제적으로 깊이 있는 연구가 이뤄지지는 않고 있습니다. 경제적 관점에서 바라보는 기본소득에 대한 논의가 정치권에 미칠 영향은 어떻게 보시는지요.

제가 알기로 한국의 몇몇 경제학자들은 심도 있는 연구를 해 기본소득 시나리오를 제시하고 있습니다. 단지 이런 시나리오가 현실 가능한지 서로 심도 있게 논의를 하고, 현실적으로 가능한 시나리오는 어떤 것이 될 수 있는지 공론화 과정을 거쳐야 한다고 봅니다. 모호한 상태로 기본소득을 실시하겠다고 하면 이는 포퓰리즘과 다를 바가 없지요. 연동형 비례대표제나 여성 할당제 등등 민주적 절차를 제대로 지키지 않고 제도를 도입해 결과는 어떻습니까. 이제 이런 식의 제도 도입은 지양해야 합니다.

해외에서 다뤄지는 기본소득과 국내에서 다뤄지는 기본소득의 차이는 어떻게 보시는지요?

제가 경험한 프랑스 기본소득 운동을 보면 우리와 아주 다릅니다. 기본소득 개념부터 정립하고 그 개념에 맞는 시나리오를 만들어 시뮬레이션하고 있는데…. 우리는 그러한 면이 너무 부족한 것 같습니다. 보수는 보수적 개념의 시나리오를 제시하고 진보는 진보적 개념의 시나리오를 제시해 서로 공방하고 타당성을 찾아 협의해 나가는 데 우리는 이런 과정이 언제나 부족하지요. 우리 민주주의는 절차적 정당성이 여전히 부족해 안타까울 따름입니다.

프랑스 독일 등 유럽 선진국과 미국, 또 아프리카의 케냐와 토고, 그리고 인도까지 10여 개 넘는 국가에 대한 기본소득 논의에 대해 고찰을 하셨다. 가장 진전된 곳은 어디로 보시는지, 또 대한민국의 상황과 정치적 상황이 유사한 곳이 있다면 어디로 볼 수 있을지요.

가장 진전된 곳이 이곳이라고 한 나라를 꼭 집어 말할 수는 없지만, 그래도 제게는 프랑스 사례가 흥미진진합니다. 2017년 대선에서 기본소득이 큰 반향을 일으켰고, 민간 싱크탱크기관들이 기본소득 시나리오들을 개발해 프랑스 사회에 맞는 모델이 어떤 것인지 논쟁하고 있고, 코로나19로 기본소득 공론화를 법제화하고 있으니까요.

끝으로 한국에서 기본소득이 시행될 경우 바람직한 방향은?

기본소득이 실시되려면 국민적 합의가 있어야 합니다. 지금처럼 진보 정치인 몇 사람이 기본소득을 강력히 추진한다고 해서 실현될 수는 없다고 봅니다. 프랑스 장조레스 재단이 이야기하듯 기본소득은 하나의 혁명입니다. 패러다임을 바꾸는 일입니다. 이 거대한 일을 몇몇 사람의 힘으로 성공시킬 수는 없습니다. 물론 그들의 시작이 역사를 바꾸는 실마리가 될 수 있다는 의미에서는 높이 평가합니다. 다만 정계, 학계, 시민단체가 모두 관심을 두도록 담론을 형성해 사회적 반향을 일으킬 필요가 있습니다. 아직 한국 보수들은 기본소득에 전혀 관심도 없고…. 프랑스 2017년 선거처럼 기본소득이 이번 대선의 큰 화두로 떠올랐으면 하는 바람입니다.

주

1) Mylondo, Baptiste 저, 권효정 역. 2016. 『모두 주자! 그냥 주자! 조건 없이 기본소득』 서울: 바다출판사, pp. 24-25.

2) Mylondo, Baptiste, Idem.

3) 현 사회의 불평등을 나타내는 척도로 1에 가까울수록 불평등이 심화하고 있음을 의미한다.

4) https://www.bacdefrancais.net/utopie.php
https://www.lemonde.fr/politique/article/2016/10/19/de-thomas-more-a-michel-foucault-la-longue-histoire-du-revenu-universel_5016520_823448.html

5) https://ja.wikipedia.org/wiki/%E3%83%88%E3%83%9E%E3%82%B9%E3%83%BB%E3%83%A2%E3%82%A2

6) 15세기 말경부터 영국의 영주나 대지주가 소농민의 토지를 흡수하여 대규모 경영을 함으로써 농민들을 도시의 임금노동자로 전락하게 한 운동이다.

7) Roger, Patrick. "De Thomas More à Michel Foucault, la longue histoire du revenu universel." Le Monde, 19 octobre 2016, https://www.lemonde.fr/politique/article/2016/10/19/de-thomas-more-a-michel-foucault-la-longue-histoire-du-revenu-universel_5016520_823448.html

8) https://www.beseven.fr/utopie-thomas-more/

9) https://ja.wikipedia.org/wiki/%E3%83%88%E3%83%9E%E3%82%B9%E3%83%BB%E3%83%9A%E3%82%A4%E3%83%B3

10) Cunliffe, John and Guido Erreygers. 2004. The Origins of Universal Grants: An Anthology of Historical Writings on Basic Capital and Basic Income. New York: Palgrave Macmillan. p. xiv.

11) https://www.agoravox.fr/tribune-libre/article/revenu-universel-une-nouvelle-195548

12) Fitzpatrick, Tony. 1999. Freedom and security: an introduction to the basic income debate. Basingstoke: Macmillian. p. 41.

13) 上田 利佳.　2010.『ベーシックインカム実現への道』 群馬大学修士論文. p. 23.

14) Fitzpatrick, Tony. Ibid., p. 36

15) Hyafil, Jean-Eric. 2017. Revenu universal: pertinence pour accompagner les métamophoses du travail, rôle dans la politique fiscal et macroéconomique, modalités de mise en oeuvre et effets redistributifs. Thèse. Paris: Université Paris I., p. 114.

16) Fitzpatrick, Tony. Ibid., pp. 115-116.

17) Mylondo, Baptiste, Ibid., 37-38.

18) 原田 泰. 2015.『ベーシックインカム国家は貧困問題を解決できるか』東京：中公親書. p. 4.

19) 井上 智洋. 2018.『AI 時代の 新 ベーシック·インカム： 国家は貧困問題を解決できるか』東京： 光文社新書. p. 25. 武川 正吾. 2011. "ベーシックインカムの理論と実践　二本の社会政策の場合." <大原社会問題研究所雑誌> 634. p. 24.

20) Fitzpatrick, Tony. Ibid., pp. 48-50.

21) Francese, Maura and Delphine Prady. 2018. "Universal Basic Income: Debate and Impact Assessment." IMF Working Paper WP/18/273. p. 6.

22) Mylondo, Baptiste, op.cit., p. 86.

23) 上田 利佳. Ibid., pp. 29-30.

24) 井上 智洋. Ibid., p. 28.

25) 井上 智洋. Ibid., p. 25.

참고문헌

1.

김교성·이지은. 2017. "기본소득의 '실현 가능성'에 대한 탐색." <비판사회정책> 56: 7-57.
Revenu de base inconditionnel. Votation du 5 juin 2016 Quelque R flexions générales et locales sur le revenu de base inconditionnel
사이트: https://www.infodroit.ch/spip.php?article138

OECD, 2018.
https://data.oecd.org/fr/inequality/taux-de-pauvrete.htm#indicator-chart
OECD Data, "In it Together: Why Less Inequality Benefits All."
https://data.oecd.org/inequality/income-inequality.htm
KOSIS(통계청, 가계금융복지조사)

토머스 모어
https://www.bacdefrancais.net/utopie.php
https://www.lemonde.fr/politique/article/2016/10/19/de-thomas-more-a-michel-foucault-la-longue-histoire-du-revenu-universel_5016520_823448.html
https://ja.wikipedia.org/wiki/%E3%83%88%E3%83%9E%E3%82%B9%E3%83%BB%E3%83%A2%E3%82%A2
https://www.beseven.fr/utopie-thomas-more/
토머스 페인
https://ja.wikipedia.org/wiki/%E3%83%88%E3%83%9E%E3%82%B9%E3%83%BB%E3%83%9A%E3%82%A4%E3%83%B3
Roger, Patrick. "De Thomas More à Michel Foucault, la longue histoire du revenu universel." Le Monde, 19 octobre 2016, https://www.lemonde.fr/politique/article/2016/10/19/de-thomas-more-a-michel-foucault-la-longue-histoire-du-revenu-universel_5016520_823448.html
Cunliffe, John and Guido Erreygers. 2004. The Origins of Universal Grants: An Anthology

of Historical Writings on Basic Capital and Basic Income. New York: Palgrave Macmillan.

Fitzpatrick, Tony. 1999. Freedom and security: an introduction to the basic income debate. Basingstoke: Macmillian.

Fitzpatrick, Tony. 1999. Freedom and security: an introduction to the basic income debate. Basingstoke: Macmillian.

Francese, Maura and Delphine Prady. 2018. "Universal Basic Income: Debate and Impact Assessment." IMF Working Paper WP/18/273.

Hyafil, Jean-Eric. 2017. Revenu universel: pertinence pour accompagner les métamophoses du travail, rôle dans la politique fiscal et macroéconomique, modalités de mise en oeuvre et effets redistributifs. Thèse. Paris: Université Paris I.

Parijs(1992)

Mylondo, Baptiste 저, 권효정 역. 2016. 『모두주자! 그냥주자! 조건 없이 기본소득』 서울: 바다출판사.

武川 正吾. 2011. "ベーシックインカムの理論と実践　二本の社会政策の場合." <大原社会問題研究所雑誌> 634: 16-28.

上田 利佳.　2010. 『ベーシックインカム実現への道』　群馬大学修士論文.

井上 智洋. 2018. 『AI 時代の 新 ベーシック·インカム:　国家は貧困問題を解決できるか』 東京:　光文社新書.

原田 泰. 2015. 『ベーシックインカム国家は貧困問題を解決できるか』 東京:中公親書.

스피넘랜드 제도

https://www.agoravox.fr/tribune-libre/article/revenu-universel-une-nouvelle-195548

YOUGOV 여론조사:

https://www.pressenza.com/fr/2021/01/en-6-pays-europeens-2-citoyens-sur-3-souhaitent-un-revenu-de-base-universel-selon-un-sondage/

2.

Vox Research

https://www.vox.com/future-perfect/2020/2/19/21112570/universal-basic-income-ubi-map?fbclid=IwAR3tZRctk6Gof0O-6BEwgunGs_zHRDwJWdRLcHMUZDHpVsKQ5l0knWR5sel

프랑스

https://lcp.fr/actualites/revenu-universel-les-deputes-souhaitent-la-tenue-d-un-debat-public-43644

·

https://www.wedemain.fr/partager/apres-l-echec-d-hamon-a-la-presidentielle-l-avenir-du-revenu-de-base-en-question_a2713-html/

https://fr.wikipedia.org/wiki/Primaire_citoyenne_de_2017

https://www.mouvement-up.fr/articles/precarisation-etudiante-et-soudain-on-repense-au-revenu-universel/

https://www.liberation.fr/debats/2021/01/11/pour-un-revenu-de-base-inconditionnel-porte-par-les-citoyens_1810849/

https://fr.wikipedia.org/wiki/Revenu_de_base_en_France

https://www.lepoint.fr/societe/vers-un-revenu-universel-en-corse-27-07-2020-2385641_23.php

독일

https://www.franceculture.fr/economie/coronavirus-lidee-dun-revenu-de-base-comme-reponse-a-la-crise

https://www.lefigaro.fr/conjoncture/face-a-la-crise-l-allemagne-experimente-le-revenu-universel-20200901

https://www.rtl.fr/actu/international/allemagne-le-revenu-universel-a-1-200-euros-par-mois-teste-7800769532

https://www.lefigaro.fr/conjoncture/face-a-la-crise-l-allemagne-experimente-le-revenu-universel-20200901

https://planetes360.fr/lallemagne-experimente-le-revenu-universel/

스페인

https://fr.businessam.be/lespagne-litalie-et-le-portugal-veulent-un-revenu-de-base-pour-450-millions-deuropeens/

https://www.lecho.be/dossiers/coronavirus/le-revenu-universel-pour-amortir-le-choc-du-covid-19/10217251.html

https://www.lefigaro.fr/conjoncture/coronavirus-l-espagne-veut-accelerer-la-mise-en-place-du-revenu-universel-20200407

https://ici.radio-canada.ca/nouvelle/1691644/coronavirus-covid-19-espagne-revenu-universel-base-pandemie-impact

https://www.wedemain.fr/partager/face-a-la-crise-le-revenu-universel-refait-surface_a4648-html/

https://www.france24.com/fr/20200531-espagne-finlande-france-le-revenu-universel-fait-son-chemin-en-europe

이탈리아

https://www.france24.com/fr/20200531-espagne-finlande-france-le-revenu-universel-fait-son-chemin-en-europe

https://www.lemonde.fr/economie/article/2020/10/09/mis-en-place-au-printemps-2019-le-revenude-citoyennete-italien-est-remis-en-cause_6055407_3234.html
https://www.lepoint.fr/monde/en-italie-les-nouveaux-pauvres-du-coronavirus-14-05-2020-2375450_24.php

스코틀랜드
https://www.lepoint.fr/monde/en-italie-les-nouveaux-pauvres-du-coronavirus-14-05-2020-2375450_24.php#
https://www.france24.com/fr/20200531-espagne-finlande-france-le-revenu-universel-fait-son-chemin-en-europe
https://www.la-croix.com/Monde/Europe/Coronavirus-vers-revenu-universel-ecossais-souci-modestes-2020-05-13-1201094053
https://www.rfi.fr/fr/europe/20200425-crise-coronavirus-%C3%A9cosse-penche-revenu-universel-base

벨기에
https://www.rtbf.be/info/belgique/detail_un-revenu-de-base-pour-tous-en-belgique?id=10692912
http://www.vivreici.be/article/detail_un-revenu-de-base-pour-tous-en-belgique?id=481422
https://plus.lesoir.be/289484/article/2020-03-23/philippe-defeyt-un-revenu-de-base-permettrait-de-repondre-plus-efficacement-la
https://www.lecho.be/dossiers/coronavirus/le-revenu-universel-pour-amortir-le-choc-du-covid-19/10217251.html

https://www.journaldunet.com/patrimoine/finances-personnelles/1491341-covid-19-le-revenu-universel-une-solution-imminente/
https://www.la-croix.com/Economie/Monde/Face-crise-Covid-19-pays-envisagent-revenu-universel-2020-04-08-1201088501
http://www.slate.fr/story/175833/andrew-yang-candidat-geek-revenu-universel
https://www.lefigaro.fr/flash-eco/une-ville-de-californie-lance-un-revenu-garanti-destine-aux-habitants-noirs-et-amerindiens-20210324

퀘벡
https://www.msn.com/fr-ca/finances/economie/des-munitions-au-revenu-de-base-universel/ar-BB14NFVP
https://www.journaldemontreal.com/2020/09/03/quest-ce-que-le-revenu-universel-et-pourquoi-est-il-sur-toutes-les-levres
https://www.journaldemontreal.com/2021/04/08/un-revenu-minimum-pour-les-

pauvres
https://ici.radio-canada.ca/nouvelle/1713635/revenu-minimum-universel-angus-reid

브라질
https://www.la-croix.com/Economie/Monde/Face-crise-Covid-19-pays-envisagent-revenu-universel-2020-04-08-1201088501
https://www.revueconflits.com/bresil-populisme-bolsonaro/
https://www.lemonde.fr/economie/article/2020/03/27/coronavirus-au-bresil-des-mesures-insuffisantes-face-a-la-deflagration-economique_6034623_3234.html
https://www.reuters.com/article/us-brazil-economics-idUSKBN26J381
https://maximevende.org/2020/09/01/le-journal-du-revenu-de-base-septembre-2020/

아르헨티나
https://www.lapresse.ca/international/amerique-latine/2021-03-04/covid-19/la-pandemie-a-rendu-pauvres-22-millions-de-latino-americains.php
https://www.lefigaro.fr/flash-eco/argentine-la-pauvrete-progresse-et-touche-plus-de-40-de-la-population-20200930
https://www.pressenza.com/fr/2020/01/le-revenu-de-base-en-argentine-et-en-amerique-latine-commentaires-sur-la-situation-actuelle-aux-etats-unis-et-en-europe-entretien-avec-ruben-lo-vuolo/
https://atalayar.com/fr/content/lam%C3%A9rique-latine-et-les-cara%C3%AFbes-offrent-une-aide-par-le-biais-de-covid-19-mais-loin-du

토고
https://reporterdafrique.com/blog/2020/04/14/togo-novissi-lexpression-de-la-solidarite-nationale-face-au-covid-19/
https://www.lemonde.fr/afrique/article/2020/10/23/au-togo-le-coronavirus-a-accelere-la-mise-en-place-d-un-revenu-universel-de-solidarite_6057162_3212.html
http://news.alome.com/h/132996.html

케냐
https://theworldnews.net/fr-news/au-kenya-une-experience-de-revenu-universel-qui-reduit-le-stress-du-quotidien
https://www.revenudebase.info/actualites/experimentation-kenya-refute-discretement-mythe-revenu-de-base/
https://revenudebasemontreal.wordpress.com/implantations/
https://www.lemonde.fr/les-decodeurs/article/2016/06/05/carte-le-revenu-universel-et-ses-experimentations-dans-le-monde_4936892_4355770.html

이란

https://www.revenudebase.info/actualites/iran-reforme-subventions
https://revenudebasemontreal.wordpress.com/implantations/
Salehi-Isfahani, Djavad, Bryce Wilson Stucki and Joshua Deutschmann. 2015. "The Reform of Energy Subsidies in Iran: The Role of Cash Transfers." Emerging Markets Finance and Trade 51:1144-1162.

인도

http://www.senat.fr/rap/r16-035/r16-0353.html
https://www.liberation.fr/planete/2020/05/04/en-inde-espagne-et-au-royaume-uni-le-revenu-de-base-en-debat_1785669/
https://www.lemonde.fr/les-decodeurs/article/2016/06/05/carte-le-revenu-universel-et-ses-experimentations-dans-le-monde_4936892_4355770.html
GOI(Government of India). 2017. Economic Survey 2016-17. Ministry of Finance, Government of India.
Masih, Nina. 2018. "Tiny Indian state proposes world's biggest experiment with guaranteed income."
https://www.washingtonpost.com/world/2019/01/17/tiny-indian-state-proposes-worlds-biggest-experiment-with-guaranteed-income/?utm_term=.d122c4e22d73
Singhal, Rajrishi. 2019. "Opinion/ Universal basic income scheme may not be right for India Story."
https://www.livemint.com/opinion/columns/opinion-universal-basic-income-scheme-may-not-be-right-for-india-story-1548005316639.html

일본

https://fr.wikipedia.org/wiki/Liste_de_partisans_du_revenu_de_base
https://www.tresor.economie.gouv.fr/Articles/2019/08/06/les-inegalites-au-japon
https://www.japantimes.co.jp/news/2021/01/09/national/basic-income-japan-suga/
武川 正吾. 2011. "ベーシックインカムの理論と実践　二本の社会政策の場合." <大原社会問題研究所雑誌> 634: 16-28.
井上 智洋. 2018. 『AI 時代の 新 ベーシック・インカム: 国家は貧困問題を解決できるか』 東京: 光文社新書.

마카오

https://francais.rt.com/economie/75818-si-france-se-dotait-revenu-universel-vert
https://basicincome.org/news/2017/07/wealth-partaking-scheme-macaus-small-ubi/
https://en.wikipedia.org/wiki/Wealth_Partaking_Scheme
http://www.senat.fr/rap/r16-035/r16-0353.html

스위스

https://www.lemonde.fr/europe/article/2016/06/05/les-suisses-appeles-a-se-prononcer-sur-le-revenu-de-base-inconditionnel_4936537_3214.html

https://www.cath.ch/blogsf/le-revenu-de-base-vers-un-retour/

RTS, La pandémie de coronavirus donne un nouveau souffle au RBI en Suisse, https://www.rts.ch/info/suisse/11268089-la-pandemie-de-coronavirus-donne-un-nouveau-souffle-au-rbi-en-suisse.html

네덜란드

https://www.metiseurope.eu/2016/07/09/utrecht-lexprimentation-dun-revenu-de-base-local/

http://www.slate.fr/story/103877/revenu-de-base-inconditionnel-utrecht-pays-bas

https://www.lemonde.fr/europe/article/2016/06/05/les-suisses-appeles-a-se-prononcer-sur-le-revenu-de-base-inconditionnel_4936537_3214.html

https://blogs.alternatives-economiques.fr/abherve/2017/03/03/a-utrecht-une-experimentation-du-revenu-minimum

http://politici.weebly.com/resurse-umane/pays-bas-30-villes-envisagent-dexperimenter-le-revenu-de-base

https://www.socialter.fr/article/le-tour-du-monde-des-revenus-de-base

http://www.ecomag.fr/la-reprise-en-cas-de-pandemie-necessitera-plus-quune-croissance-en-fleche-pour-alimenter-une-economie-plus-equitable-les-pays-doivent-egalement-mesurer-le-bien-etre-de-la-population-ecologie-sci/

핀란드

https://usbeketrica.com/fr/article/finlande-revenu-de-base-ameliore-bien-etre-sans-nuire-a-emploi

https://www.la-croix.com/Monde/Europe/En-Finlande-revenu-universel-joue-bien-etre-peu-lemploi-2020-05-07-1201093129

https://www.la-croix.com/Monde/Europe/En-Finlande-revenu-universel-joue-bien-etre-peu-lemploi-2020-05-07-1201093129

나미비아

https://4coinsnamibie.com/revenu-universel-et-reduction-de-la-pauvrete-en-namibie/

Haarmann, Claudia and Dirk Haarmann. 2012. "Namibia: Seeing the Sun Rise - The Realities and Hopes of the Basic Income Grant Pilot Project." In Matthew C. Murray and Carole Pateman, eds., Basic Income Worldwide Horizons of Reform, pp.33-58. New York: Palgrave Macmillan.

Jauch, Herbert. 2016. "A Basic Income Grant for All: Time to make it happen in Namibia!" https://basicincomeweek.org/ubi/basic-income-grant-time-make-happen- namibia/

문제는 불평등이다 2

고향갑

序, 사람이 사람일 수 있는 최소한의 조건

자유와 평등

사람이 주인이라는 뜻에서 민주주의(民主主義)는 아름답다. 품고 지향하는 가치 또한 마찬가지다. 자유와 평등과 나눔과 평화와 정의와 연대 같은 것이 그렇다. 생각할수록 어느 것 하나 소중하지 않은 게 없다. 그 모든 가치 중에서 으뜸을 택하라면 사람들은 서슴없이 자유와 평등을 꼽는다. 신분으로 사람의 서열을 나누던 세상을 부순 것이 자유와 평등이니 잘못된 선택이라 말할 수 없다. 자유와 평등이 우리가 사는 세상을 만든 것은 틀림없는 사실이다.

법과 제도가 정한 틀 안에서 우리는 자유롭고 평등하다. 허점을 노린 반칙이 자유와 평등의 가치를 무색케 하지만 본질까지 흔들 순 없다. 겉으로 드러난 우리 사회의 모습만 보면 분명 그렇다. 자유와 평등은 삶을 떠받치는 기둥이고 행복을 찾아 날아가는 날개다. 기둥으로 떠받치고 날개로 날아가는데 무슨 걱정이 있겠는가. 이론대로라면 그래야 맞겠지만 현실은 그렇지 못하다. 떠받치고 날아갈수록 서민들의 삶은 흔들리고 행복은 아득하다.

흔들리고 아득한 삶에 따라붙는 건 불평등이라는 그림자다. 불평등은 차별을 낳고 차별은 소외를 낳는다. 1% 대 99%라는 빈부 격차 또한 불평등이 낳은 사생아다. 그렇다면 불평등은 왜 생겨나는 걸까. 아이러니하게도 불평등은 자유와 평등의 가치가 충돌하면서 생긴다. 자유의 가치가 개인을 지향한다면, 평등의 가치는 공동체를 지향한다. 지향점이 다른 둘의 충돌은 소득과 분배의 과정에서 극렬해지는데 그 충돌의 틈바구니에서 불평등이 탄생한다.

그런 점에서 보면 불평등은 우리 사회가 안고 있는 근본적인 모순이다. 누구나 돈을 벌 수 있지만, 모두가 똑같이 나눌 순 없는, 우리 사회의 두 얼굴 같은 것 말이다.

돈도 실력이다

'불평등'이란 단어처럼 불편한 게 또 있을까. 불평등은 우리 사회의 고질병을 가리키는 말이다. 지치고 병들어 쓰러지기 직전의 세상을 대변하는 말이기도 하다. 치료하고 싶어도 치료제가 없는, 아니 치료할 마음이 없거나, 있어도 방치하는 서글픈 단면이고 부끄러운 현실이다. 그러함에도 불평등에 대한 논의를 '불평이나 늘어놓는 것' 쯤으로 여기는 사람들이 있다.

그들은, 가난과 소외, 결핍과 고독, 기회와 균등, 복지와 연대 같은 것들을 비용(費用)으로 여긴다. '쓸데없이 돈 쓰는 일' 정도로 받아들인다고 해도 무방하다. 그들은, 사람이 사람답게 살기 위한 최소한의 배려와 안전장치조차 '포퓰리즘'이라거나 '퍼주기'라고 손가락질한다. 참으로 불편한 일이 아닐 수 없다.

- 돈도 실력이야. 능력 없으면 네 부모를 원망해.

불평등의 단면을 보여주는 대표적인 발언이다. 2014년이었던가. 최 모 여인이 국정농단의 주역으로 떠올랐을 때, 그녀의 딸 정 씨가 페이스북을 통해 던진 말이다. "부모 잘 만난 것도 능력"이라는 그녀의 말은 대다수 서민의 가슴에 불을 질렀다.

그녀가 뱉은 말의 뿌리에는, '아니꼬우면 잘난 부모 밑에서 태어나지 그랬냐.'라는 비아냥거림이 있었다. 허탈함에서 시작된 불씨는 분노의 불길로 변해 걷잡을 수없이 타올랐다. '부(富)의 세습'을 통한 편법과 반칙조차 능력이라 주장하는 뻔뻔함에 진절머리가 난 게 분명하다.

물론 우리 사회의 법과 제도의 틀 속에서 세습되는 부는 정당하다. 소유한 부를 후손에게 물려주는 행위 또한 개인의 자유다. 문제는, 가면 갈수록 우리 사회의 부가 몇몇 소수의 사람에게 집중되고 있다는 것이다. 벌어지는 빈부 격차와 양극화 역시 같은 맥락이다. 국세청 자료에 따르면, 2019년 한 해 동안 소득 상위 0.1%(24,149명)가 소득 하위 26%(6,278,866명)의 전체소득과 맞먹는 돈을 벌어들였다. 상위 0.1% 소득자의 평균 소득은 15억1천658만 원으로, 4인 가구 기준으로 환산하면 60억 원이 넘는다.

이를 중위소득 50% 구간의 국민과 비교하면 격차는 더욱 확연하게 드러난다. 2019년 한 해, 중위소득 50% 구간의 국민은 평균 2천5백만 원을 벌었다. 최상위층 0.1%와 비교하면, 통합소득은 60배, 근로소득은 27배, 종합소득은 무려 236배나 격차를 보인다. 소득 격차의 주범이 자산 격차에 있음을 확인할 수 있는 대목이다. 자산 격차로 인한 소득 불평등의 본질과 그에 따른 심각성은 금융소득을 비교해 보면 더욱 명확해진다.

금융소득은 이자(利子)와 배당(配當)에서 파생되는 소득이다. 그런 특성으로 '불로소득(不勞所得)'이라 불리기도 한다. 근로소득이나 사업소득처럼 열심히 일하지 않아도 벌 수 있는 소득이기 때문이다. 2019년 국세청 자료에 따르면, 전체 금융소득 가운데 소득 상위 1%가 벌어들인 이자소득은 45.48%, 배당소득은 69.3%였다. 상위 10%로 확대하면 이자소득은 91%, 배당소득은 93.1%로 늘어난다. 한 해 발생한 금융소득의 대부분을 그들이 독차지한 셈이다.

이 기간에 소득 하위 50% 국민(12,074,742명)은 0.19%의 이자소득과 배당소득을 벌었다. 1%가 아니라 0.19%이다. 그 수치 또한 착각해선 안 되는 것이, 1천2백만 명의 하위 50% 국민 모두가 벌었다는 게 아니다. 0.19%에 해당하는 금융소득을 1천2백만 명이 나눠 가졌다는 뜻이다. 대다수 국민이 정 씨의 발언에, 그러니까 "부모 잘 만난 것도 능력"이라는 말에 허탈과 배신을 느낀 까닭도 이러한 배경이 있기 때문이다. 상위 1% 부모 밑에서 태어나면 얼마든지 불로소득으로 먹고살 수 있는 세상이니까.

1%를 위한 세상

　자산 격차는 공명정대한 기회와 경쟁을 원초적으로 박탈한다. 상속과 양도를 통해 세습되는 자산은, "부자가 부자를 낳는다"라는 그들만의 방정식을 만들었다. 국정농단의 시발점이었던 최 모 여인의 딸 정 씨의 발언도 그 방정식에 기초한 것이다. "돈도 실력이야. 능력 없으면 네 부모를 원망해."라는 말에는 "세상 살아보니 돈이면 다 되더라."는 자신감이 깔려 있다. 그 자신감의 뿌리에는 그녀의 부모로부터 물려받은, 혹은 물려받기로 예정된 엄청난 액수의 자산이 있다.

　부모로부터 물려받은 자산은, 다시 말해 부모로부터 세습된 부는, 삶의 출발점에 선 순간부터 엄청난 편리와 도움과 혜택을 보장한다. 상위 1% 혹은 그 이상의 초고소득층 자녀들이 누리는 편리와 도움과 혜택은 같은 출발점에 서 있는 하위 50% 자녀들에게는 반칙이고 편법이고 특권이 아닐 수 없다. 자산이 무엇인지, 구경조차 해 본 적 없는 하위 50% 자녀들에게 공정한 기회와 경쟁은 존재하지 않는다. 기회와 경쟁이 공정해지려면, 출발선에 서 있는 모든 자녀와 그 부모들의 어깨에 붙은 계급장부터 떼야 한다. 상위 1%라는 계급장을 붙이고 있는 한 우리 사회에 공정이란 있을 수 없다.

그런 이유로, 누구나 성공할 수 있다는 말은 다분히 과장된 말이다. 누구나 출세할 수 있다는 말도, 누구나 SKY에 갈 수 있다는 말도 과장되기는 마찬가지다. 앞에서 밝혔듯이, 우리 사회는 부자가 부자를 낳고 가난이 가난을 낳는다. 부의 척도가 성공의 척도로 통용되는 현실에서, 성공은 아무나 낳는 황금알이 아니라 1% 특권층만 낳을 수 있는 황금알이다. 그들의 헛된 주장처럼 노력만 하면 아무나 오를 기회의 땅이 아니다. 성공이란, 1%와 그 주변 사람들에게만 발급된 회원권 같아서, 그들 이외의 사람은 입장하기 힘든 특권의 영역이다.

누구나 SKY에 가고, 누구나 출세하고, 누구나 성공할 수는 없다. 그것이 얼마나 허망한 꿈인지는 입시 관련 통계자료만 봐도 알 수 있다. 2021년 대학입시에서 서울대학교에 합격한 특목고 자사고 영재학교 출신 학생은 1,469명(42.7%)이다. 전체 입학정원 3,437명 가운데 절반가량이 해당 학교 출신인 셈이다. KAIST는 그 정도가 더 심해서, 입학정원 713명 가운데 특목고 자사고 영재학교 출신 합격자가 563명(79%)이나 되었다. 신입생 10명 가운데 8명이 해당 학교 졸업생들이다.

그들과의 경쟁을 뚫고 서울대와 KAIST를 졸업해도 크게 달라질 건 없다. 졸업생 대다수가 향하는 곳은 상위 1%가 소유한 기업이다. 1%가 소유한 기업에 취직했다고 해서 하위 50%의 자녀가 상위 1%가 되는 것은 아니다. 퇴직하는 순간까지, 먹이사슬이 짜놓은 경제구조에 편입되어 1%의 이익을 불리는 일에 종사할 뿐이다. 간혹 '고졸 출신 대기업 임원 신화'와 같은 뉴스가 보도되지만 말 그대로 신화에 불과하다. 신화가 현실이 될 확률은 로또복권에 당첨될 확률과 크게 다르지 않다. 상황과 처지가 이러하니, '빚투영끌'로 불나방처럼 주식과 코인 시장에 뛰어드는 청년들을 누가 나서서 탓하겠는가.

불평등, 이대로 두고 볼 것인가?

안타깝지만 우리 사회에서 불평등은 태어나 걸음마를 배우는 순간부터 시작된다. 부의 쏠림현상에 의한 자산 격차가 불평등을 일으키는 주범이다. 말로는 공정하다고 하지만 실상은 그렇지 않다. 기저귀를 차고 엉금엉금 걷는 아이와 자동차를 타고 질주하는 아이의 게임이 공정할 순 없다. 입시와 학점과 스펙과 취업만으로도 소득 하위 50% 아이들은 하루하루가 지옥이다. 그런 아이들에게 '아프니까 청춘이다'라는 식의 충고는 사치다. 그런 부류의 충고는 상위 1% 아이들에게나 어울린다. 소득 하위 50%의 아이들은 아파도 아파할 여유조차 없다.

부모세대라고 해서 크게 다를 건 없다. 우리나라 국민처럼 열심히 사는 국민은 찾아보기 힘들다. 애써서 살지 않으면 버티기 힘든 사회가 대한민국이기 때문이다. 우리 사회의 중심축인 중년 세대는 청년들이 겪는 결혼과 주거의 압박에, 육아와 교육과 정년과 부모를 부양하는 책임까지 함께 짊어지고 살아간다. 눈앞에 펼쳐진 현실이 아무리 '헬조선'이더라도 도망칠 엄두조차 내지 못하는 게 중년 세대들이다. 그렇다면 노인세대들의 삶은 어떨까. 느긋하고 여유롭게 은퇴 이후의 삶을 즐기고 있을까. 우리 사회가 처한 노인 문제의 심각성은 굳이 말하지 않아도 알 것이다.

도대체, 어디서부터 어떻게 잘못되었을까. 우리나라 국민처럼 열심히 사는 사람도 드문데, 왜 생활고에 허덕이고 빚은 쌓여만 갈까. 이를 악물고 일하지 않아서? 가장 싼 임금으로, 가장 빠르게, 가장 오래 일하는, 비정규직과 파견근로와 특수고용직 노동자들을 보고도 그런 소리를 하면 곤란하다. 자본소득이 노동소득을 추월하고 계층 간 임금 격차는 갈수록 커지는 지금, 소득 불평등을 완화할 방법은 없는 걸까. 없다면, 평생 이렇게 살다가 허리 꺾여 죽어야 하는 걸까.

불평등의 뿌리는 자유와 평등의 가치 충돌에 있다. 소득과 분배의 충돌이라고 해도 틀린 말은 아니다. 문제는 그 충돌에서 탄생한 불평등이 반칙과 차별을 낳는다는 사실이다. 그런 점에서, 불평등이라는 말은 억울함과 분함의 또 다른 표현이다. 특권층의 부와 권력에 맞서는 저항의 상징어이고, 부패와 편법과 반칙에 맞서는 가장 강력한 구호다. 절대적 빈곤과 상대적 박탈감을 떨치려는 절박한 몸부림의 표현이다. 사람이 사람일 수 있는 최소한의 조건인 동시에 그 조건을 갖추기 위한 구체적인 목표이자 선언이다. 그것이 우리가 불평등을 논하는 가장 분명한 까닭이다.

本 옷, 밥, 집

사람은 사회를 떠나서 혼자 살 수 없다. 먹고 자고 입는 살림
살이의 뿌리가 사회에 있기 때문이다. 산속 깊은 곳에서 혼자
살아가는 자연인도 예외일 수 없다. 그들도 생필품을 구매하기
위해서는 장을 봐야 한다. 대부분 시간을 산속에서 보낼 뿐이
지, 사회와 분리되어 살아가는 것은 아니다. 그런 점에서 보면
'온전한 자연인'은 없다. 불평등의 구체적 사례를 통해 우리 사
회를 진단하고 대안을 모색하는 데도 옷(衣)과 밥(食)과 집(住)
은 중요하다. 앞서 말했듯이 그 세 가지 살림살이의 뿌리가 사
람과 사회를 연결하는 모든 것이기 때문이다.

우리 사회에 만연한 불평등을 개인이 스스로 해소할 순 없다.
개인이 해소할 수 있는 것이라면 불평등이라 부르지도 않는다.
불평등은 우리 사회와 국가가 함께 해결해야 한다. 법과 제도와
정책을 통해 해결할 수 있는 것이 불평등임을 고려하면, 거기에

필요한 예산을 책정하고 제도적 장치를 마련하는 정치인들이야
말로 얼마나 소중한 사람들인가. 그러함에도 불구하고 한국 정
치와 정치인들에게 별 기대가 되지 않는다. 지난 5월이었던가.
우연히 읽게 된 신문기사 또한 기대를 저버리게 된 이유 가운데
하나이다.

신문기사의 제목은 "재산 상위 1%가 되고 싶어 코인 한다."
였다. 주인공은 유명한 중견 정치인이었는데, 자신의 페이스북
에 밝힌 내용을 신문이 기사로 옮겨 실었다. 나는 상위 1%가 되
고 싶다고 밝힌 그의 당당함에 놀라지 않을 수 없었다. 물론 상
위 1%가 되고 싶은 꿈은 누구나 꿀 수 있다. 하지만 불평등이
대한민국 사회의 현안으로 떠오른 지금, 그 현안을 풀어야 할
정치인이 대놓고 1%가 되겠노라 자기 고백할 줄은 상상조차 하
지 못했다. 더 큰 문제는 그것이 그 사람 혼자만의 바람이 아니
라 대다수 정치인의 공통된 바람이라는 것이다.

경실련에 따르면, 21대 국회의원 300명이 후보 등록 때 신고
한 자산은 1인당 평균 21억8천만 원이다. 국민 평균 자산 4억3
천만 원의 5배가 넘는 수치다. 부동산재산은 1인당 평균 4건의
부동산을 보유(13억5천만 원)하였는데 이 또한 국민 평균치보다
4.5배 높다. 더욱 놀라운 사실은 재산 상위 10명에 속하는 국회

의원들이다. 이들이 신고한 평균 재산은 무려 145억 원이었는데, 1인당 11건의 부동산재산을 보유하고 있었다. 이런 상황에서 부동산 투기를 근절하는 정책이 마련되고 서민을 위한 의정활동이 가능하겠는가.

안타깝지만, 이것이 대한민국 국회와 대다수 국회의원의 현주소다. 내가 한국 정치와 정치인에게 기대하지 않는 것도 그래서다. 정치권 일각에서 불평등 해소를 위한 구체적 방안을 만든들 무슨 소용이 있겠는가. 대다수 국회의원의 마인드와 속내가 저러한데 준비한 법안이 무슨 수로 국회를 통과할 수 있겠는가. 팔은 안으로 굽기 마련이라서, 1%를 꿈꾸거나 1%에 속한 사람들은 1%의 이익을 위해 행동하게 되어있다. 그런 정치인이 국회에 득실거리는 한, 우리 사회에서 불평등을 해소하는 일은 요원하다.

옷이 계급이다

옷은 단순히 더위와 추위를 가리기 위한 수단이 아니다. 고질병처럼 불평등이 만연한 우리 사회에서 옷은 계급을 상징한다. 그런 점에서 보면, 불평등의 역사는 계급의 상징인 옷의 역사와 맥이 닿아 있다. 해방을 전후하여 우리 사회를 지배하던 옷은 친일파들의 것이었다. 일제는 물러났지만, 그들은 미 군정과 이승만 정권의 비호 아래 군부와 경찰의 실세가 되어 또다시 권력을 휘둘렀다. 일제가 남기고 간 적산 기업과 가옥, 토지와 학교를 헐값에 불하받아 부를 축적하고 명실상부한 대한민국 1%의 원조가 되었다.

5.16 군사쿠데타로 박정희 정권이 들어선 뒤부터는 군인들의 옷이 우리 사회를 지배했다. 그들이 지배하던 세상에서, 어린 학생들의 선망 대상은 육군사관학교 생도들의 옷이었다. 김재규가 쏜 총에 박정희 대통령이 죽고 난 뒤에도 권력은 군인들의

것이었다. 12.12 군사쿠데타로 군부를 장악한 전두환 소장은, K-공작계획으로 언론을 압살하고 광주시민을 학살한 다음 체육관에서 대통령이 되었다. 그와 노태우 장군이 번갈아 권력을 휘두르는 동안 쿠데타의 핵심세력이던 하나회 군인들은 정치와 경제를 주무르며 1% 대열에 합류하였다.

군인들이 권력의 핵심에서 쫓겨난 뒤에도 그들과 결탁하여 힘을 과시하던 세력들은 자리에서 물러나지 않았다. 너무도 오랜 세월 권력에 뿌리박고 기생했던 탓일까. 각계각층에서 반칙과 편법을 일삼던 1% 무리는 여전히 특권을 누리고 있다. 검찰과 법원과 군대와 공사와 언론과 재벌들이 입고 있는 위풍당당한 옷을 상상해 보라. 그 옷들이 바로 지금 우리 사회를 장악하고 호령하는 최상위층 1%의 제복이자 상징이다. 개혁의 걸림돌임은 물론, 우리 사회에 만연한 불평등의 뿌리 역시 거기에 있다.

황제 노역

직업에는 귀함과 천함이 따로 없다고 했다. 거짓말이다. 가난은 부끄러운 것이 아니라 불편할 뿐이라는 말도, 열심히 공부하면 누구나 성공할 수 있다는 말도 마찬가지다. 노동을 이윤 창출의 수단으로 치부하는 자들이 눈가림용으로 만들어낸 헛된 말이다. 그 헛된 말에 취해, 저임금과 장시간 노동을 참아내게 하려는 마약 성분의 처방전일 뿐이다. 돈이 주인인 세상에서 가난은 죄악이다. 아무리 공부를 해도 가난한 자의 눈에는 답이 보이지 않는다. 개천에서 용 난다는 말 역시 헛소리다. 용은 개천에서 나오지 않고 강남에서 나온다. 노동자가 평생 벌어도 모을 수 없는 돈을 강남에서는 집 한 채 사고팔면 뚝딱 벌어들인다. 성공의 조건은 노력(努力)에 있지 않고 재력(財力)에 있다. 당연히 인격보다 돈이 대접받는다.

2010년, 거액의 회삿돈을 빼돌린 그룹 총수가 254억 원의 벌금형을 선고받았다. 그룹 총수는 벌금 낼 돈이 없다고 배를 내밀었고, 판사는 벌금 대신 일당 5억 원짜리 노역을 허락했다. 벌을 받기는커녕, 그룹 총수는 하루에 5억 원씩 벌금을 털어내는 수단으로 교도소를 이용했다. 황제 노역이라는 말이 나오게 된 문제의 사건과 판결이었다. 돈이 서고 사람이 추락하는 세상에서, 옷은 더는 알몸을 가리기 위한 수단이 아니다. 우리 사회에서 옷은 그 사람의 사회적 지위와 계급을 의미한다. 판검사의 법복과 의사의 진료복과 땅 부자가 빼입은 정장은 사회적 지위가 높다. 대접받지 못하는 지위의 옷은 청소부와 경비원과 배달부가 입는다. 논과 밭, 바다와 광산, 도시와 공장에서 일하는 노동자들의 작업복도 마찬가지다.

어떤 옷을 입고 일하는가에 따라 법이 적용되는 범위도 다르다. 앞에서 언급한 그룹 총수와 가족들의 옷만 봐도 쉽게 알 수 있다. 2010년 당시, 그의 여동생은 법무부교정협의회중앙회 회장이었고 남동생은 전·현직 판사들의 골프모임인 '법구회' 총무였다. 매제는 서울동부지방검찰청장 출신이었으며 사위는 광주지방법원 판사였다. 그러니 가능한 것이다. 그런 옷을 걸친 자들이라야 일당 5억 원짜리 황제 노역을 끌어낼 수 있다. 무색하게도, 2021년 노동자들에게 책정된 최저임금은 시급 8,720원이다. 여덟 시간을 기준으로 69,760원의 일당이 주어진다. 황제 노역으로 그룹 총수가 하루에 털어낸 일당 5억 원을 벌려면 도대체 몇 년을 모아야 할까. 모은다고 기를 쓴들 모이기나 할까.

힘들고 각박한 세상이다. 불평등의 격차는 날로 심해지는데 혐오와 차별까지 곳곳에서 창궐한다. 멸시와 천대를 견디지 못한 이웃들이 스스로 목숨을 끊는다. 하루에 37.5명이 자살하고, 한해 2,500명이 고독사(孤獨死)한다. 살려고 기를 써도 죽기는 마찬가지다. 재작년 한 해 2,020명의 노동자가 일터에서 죽었다. 하루에 6명꼴로, 떨어져 죽거나 깔려 죽거나 병들어 죽었다. 코로나까지 겹쳐서 온 나라가 뒤숭숭하다. 학교와 직장과 상점들이 쉽사리 문을 열지 못한다. 일자리는 줄고 일로부터 격리된 사람들의 속은 까맣게 탄다. 그러거나 말거나 속절없이 쏟아진 장마로 터전을 잃어버린 이웃들도 많다. 이럴 때일수록 지혜를 하나로 모아야 한다. 취약계층의 이웃들은 하루하루가 고통이다. 희망을 주지는 못할망정 절망을 주는 행동은 삼가야 한다. 재산 상위 1%가 되는 게 꿈이라고 떠벌리는 어느 정치인의 철 없는 행동거지도 마찬가지다.

인간이 만든 옷 가운데 가장 고결한 것은 땀 흘려 일하는 일꾼들의 옷이라 믿는다. 지금처럼 그 옷에 깃든 땀과 헌신의 가치가 소중할 때가 또 있을까. 생활고에 지친 일꾼이 수의(囚衣)를 택하지 않도록 관심을 기울이고, 세상살이에 지친 일꾼이 수의(壽衣)를 입지 않도록 함께 나누고 보살펴야 한다. 지금은 하늘에 대고 하는 기도보다 그늘진 구석을 향한 관심과 나눔이 절실하다.

우리가 남이가

'유전무죄(有錢無罪)'라는 말처럼 비뚤어진 사회를 통렬하게 비꼬는 말이 또 있을까. 잇따르는 입사 비리와 특혜시비로 '유빽유직 무빽무직'이라는 신조어까지 통용되는 처지가 되고 말았다. 우리 사회를 기울고 비뚤어지게 한 장본인은 '우리가 남이가'라는 특권의식이다. 끼리끼리 뭉쳐서 나눠 먹는 특권의식은 '초원복국집'과 정치권을 넘어서 우리 사회 전반에 퍼져있다. 어디에서 태어났고 어디를 졸업했는지에 따라 편을 가르고, 어느 공기업 출신이고 어떤 사람과 사돈을 맺었는지에 따라 무리를 지어 특권을 행사한다.

그것을 잘 드러내는 신조어가 '~피아 공화국'이다. 관피아(관료+마피아)를 필두로 군피아, 금피아, 교피아, 핵피아, 모피아, 해피아 등 헤아릴 수 없이 많다. 끼리끼리 모여 부정부패를 일삼는 그들로 인해 우리 사회의 불평등이 깊어졌다고 해도 과언이 아니다. 오죽하면 '김영란법'이라는 걸 만들어 부정부패를 막으려 했을까. 국제투명성기구(TI)가 발표한 국가별 부패인식지수(2020년)에 따르면 우리나라는 경제협력개발기구(OECD) 37개국 중에서 23위를 기록했다. 100점 만점의 국가청렴도(CPI)에서 61점을 기록한 결과다.

최저점수 53점을 받았던 2016년에 비하면 조금 높아졌지만, OECD 평균에 미치지 못한 건 여전하다. 70점대를 넘어서야 비로소 '사회가 전반적으로 투명한 상태'라는 국가청렴도(CPI)

평가 기준에 비춰보면 가야 할 길은 아직 멀다. 여전히 특권층은 끼리끼리 뭉치고 흘려서는 안 될 국가정보를 나누어 가진다. 우리 사회는 정보가 돈이 되는 사회이다. 일반 국민에게 밝혀지지 않은 정보일수록 더욱 그렇다. 국가나 지자체 혹은 각급 기관에서 쥐고 있는 비밀정보를 사전에 입수할 수만 있다면, 떼돈을 벌어들이는 건 쉬운 일이다.

국정예산과 국책사업과 국가안보와 국토개발과 신기술과 도시재생과 에너지와 환경과 통일과 인사와 외교 등에 관한 일체의 고급정보를 그들은 선점한다. 선점한 정보는 투자 혹은 사업이라는 명분으로 포장하여 끼리끼리 뭉친 그들의 밥그릇이 된다. 땅 짚고 헤엄친다는 속담이 이런 사례에 해당할 것이다. 최근 논란이 일었던 LH 사태나, 3기 신도시 택지개발지구 투기 의혹은 빙산의 일각에 불과하다. 속성상 드러나지 않고 감춰지는 것이 부정부패다. 겉으로는 우리 사회의 리더이면서 속으로는 우리 사회를 갉아먹는 끼리끼리의 장본인들, 과연 그들의 욕심은 어디까지일까?

기생충과 장발장

끼리끼리 어울려 빼돌린 정보로 부정부패를 일삼는 무리는 탈세에도 능하다. 국세청 자료에 따르면, 고액·상습체납자는 56,085명으로 총 체납 액수는 51조1천억 원에 달한다. 2019년을 기준으로 한 자료인 만큼, 상습체납자의 실제 규모와 체납액은 훨씬 많을 것이다. 지난 3월, 국세청은 암호화폐에 재산을 은닉한 상습 고액체납자 2,416명을 적발하고 체납세금 366억 원을 징수하였다. 하지만 이것은 고의로 세금을 체납한 사람들에 대해 국세청이 강제 징수한 것일 뿐, 들키지 않고 자행되는 불법 탈세는 우리 사회 곳곳에서 여전하다.

페이퍼컴퍼니, 해외재산은닉, 역외탈세, 편법증여, 차명계좌, 다운계약서 등 수법 또한 다양한데, 최근에는 죽은 사람과 거래한 것처럼 속여 돈을 빼돌리는 신종수법까지 등장하였다. 대다수 국민의 세금은 근로소득을 통해 원천징수한다. 그런 만큼 국민에게 탈세는 다른 세상의 이야기이다. 그래서일까. 끼리끼리 뭉쳐 부정부패를 일삼고 탈세를 조장하는 무리는 국민을 깔보고 무시한다. 입으로는 섬긴다고 말하면서 속으로는 '개·돼지'라고 비웃는다. 팍팍한 살림살이에도 끽소리 못하고 세금을 내는 국민이 그들의 눈에는 '호구'로 보일지 모른다.

묻고 싶어지는 대목이 아닐 수 없다. 국민이 개 · 돼지라면, 국민의 등에 빨대를 꽂고 피를 빨아먹는 그들은 과연 무엇인가. 어느 영화의 제목처럼 기생충인가. 그렇다면 하나 더 물어야겠다. 숙주가 말라 죽으면 숙주의 몸에 들러붙어 기생하는 기생충 또한 죽는다는 걸 모르는가. 몰라서, 국민의 고통과 신음 앞에서 "배 째"라며 딴청을 부리는가. 지금은 그렇게 딴청부리고 거드름피울 때가 아니다. 서민들의 살림살이가 무너지면 이 나라 경제도 함께 무너진다.

현대판 장발장에 관한 소식이 자주 뉴스에 등장한다. 코로나 국면과 겹치면서 생활고에 쫓긴 이웃들이 범죄의 덫으로 내몰린 결과다. 생계형 범죄 소식에 국민의 마음은 무겁다. 현대판 장발장이 되어 구속되는 이웃들의 사연은 '유전무죄 무전유죄'를 떠올리게 한다. 수원에서는 달걀 18개를 훔친 40대 실직자가 구속되었고, 전주에서는 캔 음료 2개를 훔친 취업준비생이, 군산에서는 콩나물과 부추를 훔친 시각장애인이, 울산에서는 빈 소주병을 훔친 청년이, 대구에서는 생선 1마리를 훔친 50대 가장이 생계형 범죄로 구속되었다.

장발장(Jean Valjean)은 빅토르 위고의 소설 『레미제라블(Les Misérables, 불쌍한 사람들)』의 주인공이다. 소설은 200년 전 프랑스를 배경으로 하고 있다. 그런데도 뮤지컬과 영화로까지 제작되며 꾸준하게 사랑받는 까닭은, 시대를 초월하여 끝없이 추구해야 할 인류의 보편적 가치가 담겨있기 때문이다. 레미제라블이 휴머니즘 문학의 대표작으로 손꼽히는 것도 그래서다. 작품 속 배경 또한 우리 사회의 현실과 닮았다. 비인간적인 법과 제도, 극심한 빈부 격차, 사회변혁에 대한 국민적 열망은 소설 속 배경이기에 앞서 우리의 현실이다.

- 지상에 무지와 가난이 존재하는 한, 이 책이 무익하지는 않으리라.

라고 빅토르 위고는 레미제라블의 서문에 적었다. 책이 나온 지 160년이 지났지만, 제목에 담긴 '불쌍한 사람들'의 설움과 아픔은 여전하다. 여전하지 않은 것이라면, 빅토르 위고가 소설을 통해 전하고자 했던 노블레스 오블리주 정신이다. 엄연한 사회적 신분 격차에도 불구하고 상응하는 도덕적 의무가 우리 사회에는 없다. 윤리적 덕목과 부의 사회적 환원을 실천하는 1%는 더더욱 희귀하다. 그래서 빅토르 위고가 더욱 큰 사람으로 느껴지는지 모른다. 위고는 "8천 프랑은 딸에게, 5만 프랑은 극빈층에게 나눠주라."라고 적힌 유언장을 남기고 죽었다.

밥 – 불평등의 뿌리

먹어야 산다. 먹지 않고 살 수 있는 동물은 없다. 그런 의미에서 밥처럼 절실한 것이 또 있을까. 우리 사회에서 밥은, 일이고 일터이고 직업이고 생명이다. 밥이 곧 일이고 생명인 사회에서, 밥의 역사는 노동의 역사이자 인류의 역사이다. 언제부터였을까. 우리 사회는 더 이상 밥을 위해 자급자족을 하지 않는다. 먹고 살기 위해 끝없이 노동하지만, 모두가 땅에 씨를 뿌리거나 곡식을 일구지 않는다. 일군다고 하더라도, 값싼 외국산 농산물에 밀려난 농사(農事)는 수지맞는 장사일 수 없다.

돌이켜보면 농촌공동체의 붕괴는 예고되어 있었다. 붕괴의 시발점은 저곡가와 저임금에 기반을 둔 박정희 정권의 수출주도형 경제정책이었다. 저곡가 정책으로 인한 피해는 고스란히 농민들에게 돌아갔다. 농촌에는 고리대가 성행하고, 80%도 넘는 농민들은 정부의 수매가가 생산비에 못 미친다며 비판했다.

(1970.01.19. 동아일보) 빚에 쪼들리던 농민들이 도시로 내몰렸다. 이농 가구의 70%가 3천 평 미만을 경작하던 소농들이었다. 짧은 기간에 750만 명에 이르는 농촌 인구가 도시로 몰리면서 농촌공동체는 무너졌다.

저곡가 정책의 희생양이 되어 농촌을 떠난 사람들이 맞닥뜨린 현실은 저임금과 장시간 노동이었다. 경공업이 중심일 수밖에 없었던 당시의 산업구조 속에서 임금노동자의 대부분을 차지한 것은 젊은 여성들이었다. 그녀들은 섬유와 전자, 봉제와 가발공장 등지에서 하루 평균 13시간을 일했다. 공장에 취직하지 못한 나머지 가족들은 노점상과 막노동판으로 밀려났다. 가족 모두가 달라붙어 일했지만, 형편은 좋아지지 않았다. 치솟는 물가를 경제성장률이 따라잡지 못했고, 화폐가치가 곤두박질하여 해가 바뀔 때마다 평균 33%씩 땅값이 솟구쳤다.

치솟는 물가와 집값은 저임금에 시달리는 노동자들의 삶을 지옥으로 빠뜨렸다. 한 달에 이틀을 쉬며 잔업과 철야를 뛰어도 최저생계비에 미치지 못하는 월급을 받았다. 커피 한 잔이 50원이던 시절, 섬유와 봉제공장 시대의 월급은 1,500원이었다. 앞에서는 '산업역군'이라고 추켜세웠지만 돌아서면 '공순이'라며 손가락질했다. 그 시절, 천대와 멸시는 여성 노동자들의 숙명

같았다. 남성 중심의 봉건적 사고는 가족 내부에도 팽배해서, 가난한 가정에서 태어난 여성이 상급학교에 진학하는 것은 말 그대로 희망 사항이었다.

어린 소녀들은 초등학교를 졸업하기 무섭게 집을 떠나 임금 노동자 대열에 합류했다. 입 하나 덜기 위해, 오빠와 남동생 학비를 벌기 위해, 야간학교라도 다녀보기 위해, 첫 월경(月經)도 하지 않은 어린 소녀들이 밥벌이 전선에 뛰어들었다. 소녀들은 하루 평균 13시간을 일하고 일당 50원을 받았다. 왕복 버스비를 내고 나면 사라지고 말 일당이라서, 걸어서 출퇴근하고 도시락 대신 물을 마시며 배고픔을 견뎠다. '전쟁 같은 노동 일'이란 그런 것이었을까. 꽃으로 피어나야 할 어린 소녀들은 '공순이'라는 감옥에 갇혀 죄도 없이 시들어버렸다.

근로기준법을 지켜라

그녀들의 눈물겨운 삶을 세상에 알린 사람은 전태일이었다. 1970년 11월 13일, 전태일은 온몸에 기름을 끼얹고 스스로 불살라 죽었다. 죽어서야 세상이 관심을 둘 것 같아서, 22살 봉제공장 노동자 전태일은 기꺼이 죽었다. 온몸에 불이 붙어 타오를 때, 전태일은 "우리는 기계가 아니다"라고 소리쳤다. 청계천 평화시장 앞에서 "근로기준법을 지켜라"라고 절규하며 쓰러진 전태일은 극심한 고통에 시달리다 끝내 숨을 거뒀다. 분신 소식을 듣고 달려온 어머니와 친구들에게 "내 죽음을 헛되이 말라"는 간곡한 부탁을 남기고 전태일은 죽었다.

마지막 유언처럼 그의 죽음은 헛되지 않았다. 아니 헛된 죽음일 수 없었다. 전태일의 죽음은 전태일 혼자만의 죽음을 의미하지 않았다. 그의 죽음은 열세 살 어린 여공의 죽음이었고, 각성제를 먹으며 철야 노동을 버티는 시다의 죽음이었고, 산업역군으로 포장된 대한민국 공순이들의 집단 사망 선고였다. 전태일은 스스로 죽음으로서, 절망뿐인 노동자들의 삶을 죽음의 늪에서 건졌다. 근로기준법의 존재조차 모르고 살았던 노동자들에게 희망의 불씨를 살렸다. 노동자도 사람이라고, 사람답게 살 자격이 있다고, 스스로 죽음으로서 일깨웠다.

헌법이 보장한 최소한의 기본권을 찾는 것. 그 출발점이 노동조합임을 여성 노동자들은 전태일의 죽음을 통해 깨달았다. 청계피복과 동일방직과 원풍모방과 반도상사와 삼원섬유와 YH무역에서 민주노조가 결성되었다. 여성 노동자가 주축인 노동조합들이었다. 유신독재의 칼날이 시퍼렇던 시절에, 여성 노동자들이 노조를 결성하는 일은 목숨을 걸어야 가능했다. 중앙정보부와 기업주가 한통속이 되어 노조를 감시하고 협박하고 탄압했다. 경찰과 구사대의 폭력에 맞선 여성 노동자들은 노조를 지키기 위해 많은 걸 포기하거나 잃어야 했다.

똥물 테러를 당하고, 속옷 차림으로 저항하다 짓밟히고, 야당 당사에서 농성하다 죽고, 쟁의 도중에 납치되어 쓰레기장에 버려졌다. 그런데도 그녀들은 물러서지 않았다. 물러서지 않고 이 땅에 민주노조의 깃발을 우뚝 세웠다. 해고당하고 구속되는 순간에도, 온몸에 불을 붙이고 죽어갔던 전태일 열사의 유언을 힘껏 소리쳤다. "근로기준법을 지켜라." "우리는 기계가 아니다." "나의 죽음을 헛되이 말라." 그녀들의 절규가 하늘까지 닿았을까. YH 노동조합 김경숙의 죽음으로 부마항쟁이 일어나고, 궁정동에 울려 퍼진 총소리와 함께 유신정권이 무너졌다.

IMF와 신자유주의

'신자유주의'란 말은 모호하다. 그래서일까. 달리 불리기도 하는데, '초자본주의'라거나 '주주자본주의'가 그런 것들이다. 그 또한 모호하기는 마찬가지라서, 나는 우리 사회에 '주인 하나가 더 나타난 것' 쯤으로 풀이한다. 지금껏 한국 사회를 독식했던 토종 1% 말고, 또 다른 해외파 1%가 물 건너왔다고나 할까. 차이가 있다면, 새롭게 한국 사회에 발을 들인 해외파 1%가 훨씬 더 독종이라는 사실이다. 토종 1%가 몰래 영업하는 사채업체 직원이라면, 해외파 1%는 허가받고 장사하는 특급호텔 카지노 지배인이다.

그들이, 그러니까 해외파 1%들이, 본격적으로 바다를 건너오기 시작한 것은 97년 IMF 외환위기 때부터였다. 알 만한 사람이라면, IMF 사태가 우리 사회에 던진 충격과 아픔이 어떠했는지 잘 알 것이다. 하루아침에 4만 개의 기업이 문을 닫고 220만 명의 직장인과 자영업자가 실업자로 전락했다. 일차적인 책임이야 외환위기를 초래한 김영삼 정권에게 있겠지만, 막을 수 있었던 국가 부도 사태를 그르치게 한 미국 또한 책임이 크다. 당시 대통령 정책자문이었던 사람의 증언에 따르면, 사태를 막기 위해 일본과 진행하던 외환 스왑(Swap)이 미국의 방해로 결렬되었다. (썰전-국가 부도의 날, JTBC)

돕기는커녕 국가 부도 사태를 부추긴 미국의 속셈은 분명했다. 그들은 한국이라는 회사가 부도나기를 간절히 원했다. 망하기 일보 직전의 회사보다는, 폭삭 망해버린 회사가 먹어치우기

쉽다는 판단에서였다. 미국은 자신들과 이익을 공유하는 초국적 자본들에게 한국이라는 시장을 통째로 선물하고 싶었다. 그러기 위해서는 한국 정부가 고수하고 있는 각종 규제와 장벽부터 허물어야 했다. 그들은 관치금융과 재벌의 금융독점을 IMF 사태의 주범으로 꼽으며 시장의 자유를 요구했다. 그들이 요구하는 시장의 자유는, 토종 1%가 독식하던 한국 시장을 해외파 1%도 함께 먹어치울 수 있는 자유였다.

IMF와 한국 정부의 구조조정 합의안은, 해외파 1%의 이익을 보장하기 위한 굴욕적인 약속이었다. 그들은 좀 더 헐값에, 좀 더 많이, 좀 더 오랫동안, 이익을 보장받는 내용으로 합의안을 작성했다. 가장 먼저 손을 댄 것은 시장개방이었다. 그들은 금융과 자본과 무역 시장의 완전한 개방을 합의안에 명시하고 서명날인 하였다. 금융시장은 98년까지 개방하기로 하고, 외국은행 자회사와 외국증권사 현지법인의 설립을 허용하였다. 농어민의 생존권과 직결되는 수입허가제가 폐지되었고, 26%까지 허용되던 외국인 주식매입 한도가 55%까지 확대되었다. 7%에 불과했던 1인당 한도 역시 50%까지 확대되었다. 기업의 지배구조 또한 조정하여, 한국기업에 대한 외국기업의 적대적 인수합병(M&A)마저 허용하고 말았다.

합의안이 통과되면서, 부도 상태의 대한민국은 해외파 1%를 위해 차려진 밥상이나 다름없었다. 은행과 기업은 헐값에 팔려나가 이자놀이와 기술유출의 수단이 되었고, 바닥까지 떨어진 주식시장은 시세차익의 먹잇감이 되었다. 개방의 물결과 함께, 토종들이 독점하던 1%의 세계에도 해외파가 파고들었다. 1%의 특권을 놓고 토종과 해외파의 경쟁은 불가피했지만, 구조조정을 통해 펼쳐진 시장의 자유가 자본과 기업을 위한 자유라는 점에서, 둘의 관계는 적이기보다 동지에 가까웠다.

우리는 기계가 아니다

토종과 해외파가 1%를 놓고 다툴 때, 대다수 국민은 살아남기 위해 하루하루를 버텼다. 카드대란으로 신용불량자가 속출하고, 대출금을 상환하지 못한 사람들이 하우스 푸어(House Poor)로 전락하였다. 공원 벤치는 직장에서 쫓겨난 가장들로 넘쳐났고, 월세를 내지 못해 거리로 몰린 사람들이 목숨을 끊었다. 중산층이 몰락하고 공동체의 가치와 질서가 붕괴하였다. 중산층과 공동체의 붕괴는 부의 쏠림으로 인한 불평등을 더욱 가속화시켰다. 1%들은, 경매장에 나온 부동산 목록을 보며 쇼핑을 하고, 텅 빈 골프 코스를 걸으며 "공 칠 맛, 나네."를 연발했다.

토종과 해외파가 1% 특권을 놓고 경쟁할 때, 노동자들은 IMF 와 정부가 합의한 '노동시장 구조조정'으로 많은 걸 잃고 말았다. 노동시장 유연화라는 구호 아래 정리해고가 단행되었고, 파견근로제가 도입되면서 일과 일터로부터 노동의 가치와 노동자의 권리는 소외되었다. '평생직장'이라 믿었던 회사는 더 이상 노동자들의 정년을 보장해 주지 않았다. 용광로처럼 타올랐던 87년 노동자 대투쟁의 성과물은 길을 잃고 비틀거렸다. 기회를 포착한 토종과 해외파 1%들은 고통 분담을 내세우며 노동자 스스로 권리를 내려놓으라고 목소리를 높였다.

노동조합의 당위는 자본의 논리에 가로막혀 국민의 손을 놓치고 말았다. 기회가 왔음을 직감한 1%와 특권층은, 노동의 숭고한 가치조차 불필요한 '비용'이라며 헛된 논리를 펼쳤다. 그들이 펼치는 선전전은 교묘하고 끈질겼다. 그들은 전혀 엉뚱한 논쟁의 틀에 노동자라는 단어를 끼워 넣기도 하였는데, 노동의 숭고한 이미지를 특정 색깔의 프레임으로 덮어씌우기 위함이었다. 그들은 노동과 노동자와 노동조합이라는 단어가 '보편적 복지'나 '퍼주기' 나아가 '빨갱이'와 '북한'과 '공산주의' 같은 단어들과 뒤엉켜 사용되기를 간절히 바랐다.

끈질기고 집요한 1% 특권층의 선전 공세에 노동자와 노동조합의 목소리는 힘을 잃고 말았다. 노동운동은 대중과 함께하기 힘든 사회 분위기가 형성되었고, 노동조합 내부에서조차 정규직과 비정규직의 목소리가 하나로 합쳐지지 못했다. 그러는 사이에, 여전히 존재하는 우리 시대 전태일 들의 삶은 시궁창을 벗어나지 못했다. 근로기준법을 지켜라, 우리는 기계가 아니라고 외치며 전태일 열사가 분신한 지 벌써 50여 년이 지났다. 그렇게 오랜 세월이 흘렀지만, 우리 곁에는 아직도 헤아릴 수 없을 만큼 많은 전태일 들이 똑같은 절규를 하며 살아간다.

대한민국 전체 노동자 가운데 25%가 근로기준법의 사각지대에서 살아가고 있다면 믿겠는가. 하지만 틀림없는 사실이다. 5인 미만의 사업장에서 일하는 360만 명의 노동자는 근로기준법을 완전히 보장받지 못한다. 그뿐만 아니라 사실상 노동자임에도 불구하고 노동자로 인정받지 못하는 특수고용노동자와 간접고용노동자 또한 600만 명에 달한다. 그들은 헌법이 보장하는 노동3권을 보장받지 못하고 근로기준법 적용대상에서도 제외된다. 이들이 처한 현실이 얼마나 비참한지는 국회 예산정책처가 작성한 '분위별 자산·소득 분포 분석 보고서'를 보면 알 수 있다.

보고서에 따르면, 자산 하위 20% 가구의 연평균소득(2019년 기준)은 1,155만 원이다. 월 소득으로 환산하면 96만 원이 된다. 개인소득이 아니라 가구당 평균 소득이 한 달에 96만 원이라는 이야기다. 한 가족이 100만 원도 되지 않는 돈으로 한 달을 버티려면 도대체 어떻게 살아야 할까. 어떤가, 이 통계 수치가 믿어지는가. 하지만 이것이 우리 사회의 엄연한 현실이다. 우리가 불평등에 주목해야 할 이유 또한 여기에 있다. 우리 사회에 만연한 불평등은 보고서에 적힌 내용만 보아도 명확해진다. 우리 사회에서 자산 상위 20%가 벌어들이는 돈은 하위 20%보다 16배 많고, 그들이 보유한 자산은 하위 20%보다 167배 많다.

16배와 167배의 격차, 그것은 신분의 격차로까지 이어져서 차별과 갑질을 동반한다. 어찌 보면 사람이 사람에게서 느끼는 모멸과 수치야말로 가장 본질적인 불평등의 폐해일지 모른다. 입주민의 갑질과 차별을 견디다 못해 스스로 목숨을 끊어야 했던 아파트 경비원의 극단적 선택을 곰곰이 생각해보자. 노동자를 노동자로 보지 않고 비용으로 생각하고, 사람을 사람으로 보지 않고 기계나 가축처럼 취급할 때, 희망은 죽고 절망의 그림자만 곰팡이처럼 피어오른다. 불평등은 지갑 속 돈의 무게에만 있지 않고, 사람을 대하는 입과 손과 눈빛에도 있다.

누가 더 더러운가.

여기, 연꽃 같은 사람들이 있다. 별을 보며 하루를 열었다가 달을 등지고 하루를 닫는 사람들이 있다. 병원이든 대학이든 지하철이든 어디든, 사람이 모이는 곳이면 당연히 피는 꽃이 있다. 백화점이든 지하상가든 공공기관이든 어디든, 사람이 꼬이는 곳이면 어김없이 피어나는 꽃이 있다. 먹고 마시고 쓰고 버려지는 아수라장에서 멸시와 천대를 쓸어 담아 세상을 정화하는 연꽃들이 있다. 우리는 그 연꽃을 '청소노동자'라고 부른다.

사람들은 참 우습다. 흙탕물에 핀 연꽃은 거룩하다고 하면서, 세상을 정화하는 연꽃은 거들떠보지도 않는다. 흙탕물에 핀 연꽃은 차로 우려 마시면서, 수술실에서 나온 피와 고름을 치우는 사람들은 더럽다고 한다. 흙탕물에 핀 연꽃 이파리에는 밥을 싸먹으면서, 공중화장실의 변기를 청소하는 사람들은 냄새난다고 한다. 더럽고 냄새나는 것은, 똥과 오줌을 싸고 지리는 사람일까, 대신해서 닦고 치워주는 사람일까.

연못에 핀 연꽃은 영롱하지만, 세상에 핀 연꽃은 눈에 보이지 않는다. 흙탕물 바닥에 뿌리내린 연꽃처럼 청소노동자들은 도시의 가장 어두운 곳에 뿌리를 내린다. 중환자실 옆 계단 밑에

커튼을 치고 들어앉았거나, 화장실 비품창고 바닥에 전기장판을 깔고 앉아서, 쉬고 먹고 옷을 갈아입는다. 승객용 대신 화물용 엘리베이터를 이용해야 하고, 큰 손님이라도 방문할 때는 죽은 듯이 숨어 있어야 한다. 그래서 청소노동자는 투명인간이다.

새벽 첫차를 타고 출근하는 사람 가운데 열에 여덟은 여성 청소노동자다. 그들 가운데 일곱은 비정규직이고 평균 월급은 117만 원이다. 누군가에게는 아내이고 엄마인 그들이 도시가 싸지른 쓰레기를 치운다. 남자 화장실 소변기에 쭈그리고 앉아 지린내 나는 변기를 손으로 닦는다. 힐끔거리며 바지 지퍼를 내리는 사내들 틈에서 투명인간이 되어 청소한다. 지하철역에서 버스터미널에서, 남자 화장실이 있는 온갖 빌딩에서, 수치와 치욕을 삼키며 변기를 닦는다.

연꽃은 나흘만 핀다. 피는데 하루, 지는데 하루, 활짝 핀 연꽃이 세상과 만나는 시간은 이틀뿐이다. 청소노동자들의 목숨도 다르지 않다. 최근 LG트윈타워 청소노동자들이 해고당했다. 갑질과 처우개선을 요구하며 노조를 결성한 게 해고 사유였다. 건물에서 쫓겨날 때, 관리자들은 "늙은 년들이 노조는 무슨", "일하기 싫으면 나가"라며 밀어냈다. 참으로 무지하고 몽매한 말이다. 그녀들은 이년, 저년이 아니라 LG트윈타워를 정화(淨化) 시켜온 거룩한 연(蓮)이다.

사는 집과 죽는 집

집은 단순히 잠을 자는 곳이 아니다. 하루가 열렸다가 닫히는 곳이 집이고, 한 사람의 생애가 시작되었다가 마무리되는 곳이 집이다. 집은, 아이를 잉태한 어머니의 자궁이고, 가족을 품은 울타리이고, 문명을 보듬은 사회이고, 국민을 보살피는 국가이고, 생명을 품은 녹색의 별 지구이고, 천지 만물의 조화가 싹트는 우주다. 그런 점에서, 셀 수도 측정할 수도 없는 광활한 영역의 집을 네 개의 벽에 둘러싸인 몇 평짜리 공간으로 규정짓는 것은 인간의 착각이다. 지구에 사는 그 어떤 동물도 인간처럼 집을 규정짓지 않는다.

어쩌면 인간사회의 비극도 거기에서 출발하였는지 모른다. 땅에 기둥을 세우고 지금부터 이곳은 내 집이니 들어오지 말라고 우기는 순간, 자연 일부에서 벗어난 집은 욕심의 일부가 되고 말았다. 집이 빚어낸 욕심은 마당과 논밭으로 확장되면서,

너나 할 것 없이 땅에 선을 긋고 자신의 영역이라 우겨대기 시작했다. 인간들의 영역표시는 땅을 품은 자연이 보기에 어이없는 행동이었다. 땅과 물과 공기를 빌려 쓰는 동물이 어찌 그것의 소유권을 주장할 수 있겠는가. 그럼에도 인간이라는 동물은 땅과 바다와 하늘에 선을 긋고 제 것이라 우겼다.

우기거나 웃긴다고 땅과 바다와 하늘이 누구의 것이 될 수 있을까. 생명을 지닌 것들은 결국 자연으로 돌아가기 마련이다. 자연 일부를 모아 생명이 탄생하였듯이, 생명의 소멸 역시 자연의 일부로 나뉘어 흩어지는 것이다. 자연에서 나고, 자라고, 흩어지는 과정은 지극히 자연스러운 대자연의 법칙이다. 그것이 아닌, 절대불변의 생명체를 나는 아직껏 발견하지 못했다. 생명이 다해 자연으로 돌아간 것 중에 흙과 물과 공기로 변해 흩어지지 않는 것은 없다. 죽고 나면, 한 줌 티끌로 변해 흩어지고 말 자연의 일부가 대자연에 선을 긋고 소유권을 주장하는 것은 억지이고 모순이다.

흩어져서 사라지고 말 것이 변치 않고 지켜내는 것을 소유할 수 있는가. 전체를 이루는 일부가 전체를 소유할 수 있는가. 억지이고 모순임에도 우리 사회에서는 소유권이 인정된다. 땅에 선을 긋고 죽은 뒤에도 권리와 증서를 물려줄 수 있다. 그것이 우리 사회가 처한 불평등의 또 다른 출발점이다. 집과 땅을 인간과 인간집단이 서로 나누어 가질 때, 나아가 집과 땅에 인접한 바다와 하늘까지 소유의 주체를 놓고 다툴 때, 나누고 다투는 기준은 힘이고 권력이었다. 당연히 누구나 가질 수 있는 '자유'가 없었고, 누구에게나 '평등'하게 나뉘지 않았다.

집과 땅과 바다와 하늘에 대한, 도저히 소유할 수 없는 것을 소유할 수 있게 문서로 만든 인간의 역사는 지금도 여전하다. 달라진 게 있다면, 소유를 다투는 힘과 권력의 균형추가 총칼에서 부(富)로 기울고 있다는 것이다. 돈이 집과 땅을 소유하고 거래하는 주체가 되면서, 집과 땅은 사람을 위한 공간이기를 멈췄다. 머물고 쉬고 사랑하고 협력하는 공동체 개념마저 퇴색하고 말았다. 이제 집과 땅은 사람이 살기 위한 공간이 아니다. 우리 사회에서 집과 땅은 돈이고 인격이고 신분이고 특권이다. 좀 더 많이, 좀 더 넓게, 소유한 사람일수록 많이 벌고 넓게 누린다. 이제는 사람 대신 돈이 집에서 산다.

민주공화국인가, 부동산 공화국인가?

돈이 돈을 버는 우리 사회에서, 집과 땅이 벌어들이는 돈은 일해서 벌 수 있는 돈보다 많다. 많아도 너무 많아서, 사람들의 관심은 늘 집과 땅으로 쏠린다. 재테크라거나 투자라거나 아니면 투기라거나 부르는 명칭은 제각각이지만 쏠림으로 인한 결과는 늘 같았다. 부동산은 일하지 않고도 먹고 살 수 있을 만큼 엄청난 불로소득을 낳았다. 서민이 평생 일해야 벌 수 있는 돈을 부자들은 아파트 한 채를 사고팔면서 뚝딱 벌어들였다. 집이 집을 벌고 땅이 땅을 버는 세상에서, 여러 채의 집과 넓은 땅을 소유한 사람들의 돈벌이는 땅 짚고 헤엄치기였다.

집값과 땅값이 치솟을수록 치솟은 가격만큼 그들은 돈을 벌었다. 최근 발표된 '대한민국 토지 불로소득 실태보고'에 따르면, 지난 13년 동안(2007~2019) 그들이 부동산으로 벌어들인 불로소득은 3,227조 원에 달했다. 국내 총생산(GDP)과 비교하였을 때, 연평균 16.2%를 차지하였는데 2019년 한 해 동안 벌어들인 불로소득만 352조 원이나 되었다. 상황이 이렇다 보니 그들이 소유한 집과 땅 역시 엄청났다. 개인이 소유한 토지의 절반(53.3%)이 상위 1%의 것이었고, 96.2%가 상위 10%의 것이었다. 토지와 별개로 상위 1%는 1인당 평균 7채의 집을 소유하고 있었다.

이제, 대한민국은 민주공화국이기에 앞서 부동산 공화국이다. 앞에서는 '민주'를 부르짖지만, 뒤에서는 '부동산'으로 돈을 벌기 바쁘다. 정의는 무너져도 부동산은 무너지지 않는다. 불패의 부동산 신화는 성공으로 향하는 가장 확실한 롤 모델이다. 롤 모델의 대상인 극소수의 개인과 기업은 독식한 부동산으로 건재함을 과시하고 있다. 그들은 지난해 서울 아파트 평균 매매 가격을 10억4천3백만 원까지 끌어올렸다. 나 같은 서민이 아파트를 사려면, 한해 2천86만 원씩 50년을 꼬박 모아야 한다. 우리 국민 45%가 집이 없는 까닭이 거기에 있다.

집이 없는 사람들에게 부동산 투기로 치솟는 물가는 죽을 맛이다. 해마다 뛰는 전·월세 가격은 감당하기 힘든 지경에 이르렀다. 오죽하면 "죽고 싶어도 드러누울 땅 한 평이 없다"라는 한탄이 터져 나올까. 비싼 땅값으로 인한 해악은 중산층과 서민층을 가리지 않는다. 공장을 경영하는 사람도 장사하는 사람도 어렵기는 마찬가지다. 주말조차 쉬지 못하고 일을 하지만 임대료 내고 나면 자영업자들 주머니엔 남는 게 없다. 아무리 열심히 일해도 돈은 90%의 주머니에 모이지 않고 10%의 금고에 가서 쌓인다. 그것이 부동산 공화국이다.

시민아파트와 광주대단지

임금 소득과 비교하면 부동산 소득은 쏟아 부은 노력과 열정이 미미하다. 그런데도 벌어들이는 소득은 임금 소득보다 너무 많다. 열심히 몇십 년을 일해야 벌 수 있는 돈을 부동산 거래 한 건으로 벌어들이는 게 좋은 예다. 사람들이 '불로소득'이라 여기게 하는 이유이며, 소득 불평등의 주범으로 지목되는 까닭이다. 덜 먹고 덜 입고 덜 자면서 일을 해도, 집과 땅이 없다는 이유만으로 가난에 시달리는 것은 억울한 일이다. 안 먹고 안 입고 안 자면서 노동을 해도, 집과 땅이 없다는 이유로 멸시와 차별의 대상이 되는 것은 서러운 일이다.

가장 뼈아픈 멸시와 차별을 겪으며 살아낸 사람들은 누굴까. 혹시, 강제로 집에서 쫓겨나 길거리로 내몰렸던 사람들이 아닐까. 힘들고 서럽고 아플 때, 웅크리고 누워 고통을 견뎌내는 곳이 집이다. 그런 집에서 강제로 끌려나가야 했다면 어떤 심정일까. 아픔과 고통을 견뎌내야 할 집이 강제로 허물어져서, 신발도 신지 못하고 쫓겨나야 했다면 어떤 기분일까. 망치와 해머와 불도저가 벽을 부수고, 속옷과 밥그릇과 장롱이 골목 밖으로 내동댕이쳐질 때, 그걸 지켜봐야 했던 부모의 속은 어떠했을까. 그런 부모의 바짓가랑이를 잡고 겁에 질려 울먹였던 아이들의 처지는 또 어떠했을까.

소설 속 이야기가 아니고 영화의 한 장면도 아니다. 50년 전 서울의 무허가 판자촌에서 흔히 볼 수 있었던 장면이다. 1965년 서울에는 350만 명이 살고 있었는데 그중 절반인 170만 명이 판자촌에서 살았다. 판자촌 거주자 대부분은 일자리를 찾아 농촌을 떠나온 사람들이었는데, 박정희 대통령에게 판자촌 사람들은 양날의 검이었다. 값싼 노동력을 제공한다는 점에서는 반가운 일이었으나, 판자촌의 난립은 여러 가지 면에서 골치가 아팠다. 대통령 박정희는 군 장성 출신을 서울시장에 임명하고 '무허가 판자촌 철거'라는 숙제를 맡겼다.

불도저라는 별명답게 군인 출신의 시장은 속전속결로 숙제를 풀기 시작했다. 그는 집계된 무허가 건물 13만6천 동 가운데 4만6천 동은 개량하고, 나머지 9만 동에 사는 사람들은 아파트를 지어 입주시키거나 경기도 광주에 조성할 대규모 이주단지로 이주시키겠다고 발표하였다. 그리곤 발표 다음 해인 1969년에 1만5천여 가구(32개 지구, 405개 동)의 시민아파트를 지었다. 착공 6개월 만에 벼락치기로 준공한 아파트는 부정부패와 부실시공의 결정판이었다. 무능한 시장과 부패한 관료와 부도덕한 업자에게, 철거민을 위해 짓는 아파트는 빼돌린 공사대금을 나누어 가질 먹잇감에 불과했다.

기둥에 박혀야 할 철근이 사라지고 모래와 섞을 시멘트마저 증발한 아파트는 지어진 지 4개월 만에 주저앉았다. 와우산 자락에 지은 와우시민아파트 열다섯 개 동 가운데 한 동이었다. 사고로 인해 아파트에 입주해 있던 철거민 33명이 죽고 38명이 크게 다쳤다. 희생자들은 추모제나 위령탑도 없이 서둘러 묘지에 묻혔다. 사고 직후 시행한 안전도 검사에서, 405동의 아파트 가운데 349동이 보수하라는 판정을 받았고, 101개 동의 아파트가 철거되었다. 군 출신 시장은 책임을 물어 사임하였지만 1년 뒤 내무부 장관이 되어 돌아왔다.

광주대단지로 이주한 철거민들에 비하면 시민아파트에 입주한 철거민들은 행운아였다. 트럭에 실려 광주대단지로 강제 이주한 철거민들을 기다리는 건 텅 빈 황무지였다. 살림집 대신 제공된 것은 20평의 땅과 천막 하나 그리고 밀가루 2포대씩이었다. 그렇다고 공짜로 받은 땅도 아니었다. 한 가구당 20평씩 평당 2천 원에 분양을 받았는데 2년 거치 3년 분할상환 조건이었다. 문제는 생계수단이 전혀 없다는 사실이었다. 공장을 지어주기로 했던 약속은 지켜지지 않았다. 하루 벌어 하루 먹던 철거민들에게 광주대단지는 식량 배급이 끊어진 난민수용소 같았다.

일거리가 없었고, 수도가 없었고, 전기가 없었고, 도로가 없었다. 병원도 학교도 관청도 은행도 시장도 없기는 마찬가지였다. 기반시설도 생계대책도 없는 곳에 최초로 강제 이주한 5천여 명의 철거민들은 천막과 판잣집을 짓고 더위와 추위를 견뎠다. 그들이 사용할 수 있는 공동우물과 공동변소는 12개밖에 되지 않았다. 치안과 위생과 빈곤으로 드러눕는 사람이 속출했다. 하수도가 없어 악취가 진동했고 장마철이면 들끓는 파리 모기와 함께 전염병이 돌았다. 그런 사정을 모른 체, 2년 동안 이곳으로 등 떠밀려오는 사람이 14만여 명에 달했다.

상황이 이러했으니, 참았던 분노가 폭발하는 건 너무도 당연했다. 1971년 8월 10일, 5만여 명의 광주대단지 주민들이 투쟁위원회를 꾸리고 궐기대회를 열었다. 최소한의 기반시설과 생계대책도 없이 철거민들을 이주시킨 졸속행정을 규탄하는 집회였다. 집회는 서울시가 협상 요구를 거절하자 집단행동으로 확산하였다. 분노한 주민들은 성남출장소와 파출소 등 인근 관공서에 불을 지르고 출동한 경찰에 맞서 투석전을 벌였다. 자칫 폭동으로까지 이어질 수 있는 상황에 이르자 서울시는 부랴부랴 협상에 임해 주민들의 요구조건을 들어주었다.

이렇게까지 사태가 퍼진 데는 약속을 지키지 않은 정부와 서울시에 책임이 있었다. 지어주겠다던 공장은 2년이 지나도록 지어주지 않았고, 3년 뒤에 갚기로 했던 토지 대금조차 한꺼번에 갚으라며 독촉장을 발부했다. 독촉장에는 이러저러한 명목의 각종 세금조차 붙어 있었다. 결국, 구호양곡과 생활 보장자금을 지급하고 도로와 공장을 건설하는 등의 주민 요구사항을 서울시가 들어주기로 합의하면서 사태는 마무리되었다. 하지만 소요사태 현장에서 검거되었던 22명의 주민은 석방되지 못하고 징역살이를 하였다.

무등산 타잔

최근 성남시는 광주대단지 사건의 명칭을 '8.10성남(광주대단지)민권 운동'으로 변경하였다. 빈민운동의 시발점이라는 점에서 새로운 명칭을 부여하는 것은 의미가 있다고 생각한다. 살펴보았듯이, 정부 시책이라는 명분 아래 살던 집에서 쫓겨난 사람들은 수없이 많다. 많음에도 그들에 대한 기록은 찾아보기 힘들다. 수천, 수만 명의 사람이 '무허가'라는 이유로 집을 잃고 길바닥으로 내몰렸지만, 그들이 느꼈을 상실과 비참과 절망을 함께 아파하는 사람은 드물다. 과연, 그렇게 잊히고, 잊어버려도 괜찮은 걸까. 법적으로 문제가 없으면 덮어버리고 모른척해도 그

만인 걸까.

집이 전부인 사람들이 있다. 집이기에 앞서, 꿈이고 행복이고 안전인 사람들이 있다. 사고파는 매매의 대상이 아니라 가족 모두의 생존인 사람들이 있다. 밤이슬 막아줄 지붕이 있고 뙤약볕 가려줄 벽만 있다면, 그 자체로 온전하게 집이 되는 사람들이 있다. 그런 사람들에게 집은 오늘을 사는 힘이고 내일을 기약하는 꿈이다. 단순히 몇 층이라거나, 몇 평이라거나, 몇억이라는 단위로 판단해서는 곤란하다. 그 사람들에게 집은 우리가 상상할 수 없는 또 다른 그 무엇이다. 집이 곧 삶의 전부라고 하는 것도 그런 까닭이다.

박흥숙은 혼자서 무등산 자락에 집을 지었다. 돌밭을 파내고, 파낸 돌로 얼기설기 벽을 쌓고, 주워온 합판으로 지붕을 얹었다. 그렇게 지은 움막도 집이라고 할 수 있을까. 하지만 박흥숙에게는 그 움막이 삶의 전부였다. 전라남도 영광에서 태어난 박흥숙은 궁핍하게 어린 시절을 보냈다. 폐결핵을 앓던 아버지가 죽고 난 뒤에는 가족들마저 뿔뿔이 흩어졌다. 어머니와 막냇동생은 허드렛일을 하며 절에 얹혀살았고, 외할머니와 여동생은 식모살이하며 눈칫밥을 먹었다. 박흥숙은 영광중학교에 수석 입학을 하고도 진학을 포기했다.

못한 공부는 독학으로 대신했다. 고등학교 졸업자격 검정고시를 철물공장에서 일하며 마친 박흥숙은 19살 되던 해(1974년)에 움막을 지었다. 그가 무등산 기슭에 움막을 지은 것은 흩어진 가족을 불러들여 함께 살기 위해서였다. 박흥숙은 최후진술에서, "가족들이 모여 살 집을 지어서 어머니께 바친 것은 내 인생의 클라이맥스"였다고 고백했다. 방 한 칸에 부엌 하나가 전부였지만, 다섯 식구에게 움막은 목숨과도 같은 터전이었다. 가족이 모여 살게 되자 박흥숙은 사법고시를 준비하며 희망을 키웠다. 하지만 희망은 오래가지 못했다.

1977년에는 전국체전이 광주에서 열렸다. 때맞춰 박정희 대통령의 광주 방문 일정이 잡혔다. 광주시가 무허가 판자촌을 철거한 것도 그런 이유에서였다. 광주시 동구청 소속 철거반원들이 무등산 골짜기(덕산 골)에 들이닥친 것은 그해 4월 20일이었다. 철거민들은 그들을 망치부대라고 불렀다. 망치부대들은 박흥숙의 집을 망치와 해머로 때려 부수고 불을 질렀다. 다시 움막을 짓지 못하게 완전히 태워 없애라는 상부의 지시 때문이었다. 그 바람에 온 식구가 일해서 천장에 모아 두었던 30만 원마저 불타 없어졌다.

불이 붙은 집에 뛰어들던 어머니를 가로막을 때도 박흥숙은 이성을 잃지 않았다. "불을 지르라고 한 것은 광주시장이지 망치부대가 아니잖아요." 그들 또한 하루 벌어 하루 먹는 일용직 신세라. 박흥숙은 애써 분을 참으며 가족을 달랬다. "다 태우더라도 저기 있는 판잣집은 태우지 말아 주세요." 박흥숙은 자신이 살던 움막 뒤편의 판잣집을 가리키며 망치부대에게 부탁했다. 그곳에는 병들어 거동조차 힘든 할아버지 내외가 살고 있었다. 그러겠노라 약속했던 망치부대는 약속을 어기고 노인들이 사는 판잣집마저 불을 질렀다. 이웃 노인의 장례까지 혼자 치러 주던 스물세 살 청년 박흥숙의 가슴에 분노의 불길이 번지는 순간이었다.

망치부대 네 사람을 죽이고 재판정에 선 박흥숙은 "나의 죄는 죽어 마땅하리라."라고 유가족들을 향해 머리 조아렸다. 그러나 아무런 이주대책도 없이 불까지 지른 행정당국을 향해서는 고개를 숙이지 않았다. 박흥숙은 "돈 많고 부유한 사람만 이 나라 사람이고, 죄 없이 가난에 떨어야 하는 사람들은 이 나라의 국민이 아니란 말인가"라고 목소리를 높였다. 강제철거를 지시한 것에 대해서는 "시대적인 착오이며 역사적인 심판을 면치 못하리라"라고 항변했다. 사형이 확정된 박흥숙은 5.18광주항쟁이 일어났던 그해 겨울, 형이 집행되어 죽었다. 성탄절을 하루 앞둔 날이었다.

집을 허물고 불태웠던 네 사람은 박홍숙이 죽였고, 살인죄로 법정에 선 박홍숙은 법의 심판에 따라 죽었다. 집 때문에 출발한 비극의 시나리오는 그렇게 끝났지만, 시나리오 어디에도 "불을 질러서 다시는 움막을 짓지 못하게 하라"고 지시한 사람의 얼굴은 등장하지 않는다. 등장하지 않고 감춘 얼굴에 대고 양심의 가책을 물을 수도 없다. 박홍숙 사건에는 인권에 대한 보편이 없다. 만인은 법 앞에 평등하지만, 무허가 판잣집에 사는 사람에게 평등은 없다. 두들겨 맞고 집에 불을 질러도 호소할 평등의 법이 그들에게는 없다.

버려지는 아이들

무허가 판잣집만 부서지는 건 아니다. 허가받은 집에 사는 사람도 집으로부터 버려진다. 버려질 때, 버려지는 사람들은 그 누구로부터 허가를 받지 않는다. 집으로부터 버릴 수 있도록 보장하는 허가는 대한민국 헌법 그 어디에도 없다. 없음에도 불구하고 집으로부터 버려져서 거리를 떠돌다 그곳에 맡겨지는 아이들이 있다. 그곳은 집에서 버려진 아이들을 맡아서 키우도록 정부로부터 허가를 받은 곳이다.

그곳에 사는 아이들에게 집은 없다. 열여덟 살이 되면 머물던 그곳을 나가야 한다. 그것이 세상과 사회와 나라가 정한 약속이다. 세련된 말로는 법(法)이라고 한다던가. 하긴, 사람들은 아이들이 사는 그곳을 집이라고 부르지도 않는다. 아이들이 사는 그곳을 사람들은 '시설'이라고 부른다. 자립지원금 오백만 원, 이 돈이면 고시원에서 얼마나 살 수 있을까. 연락 끊긴 아이들의 부모는 얼굴조차 기억나지 않는다.

차라리 고아였으면 좋았을 것을. 자립지원금 오백만 원 받은 걸 어떻게 알았을까. 십 년 동안 찾지 않던 아이의 엄마에게서 연락이 왔다. 아이의 엄마는 사는 게 힘들다며 계좌번호를 남겼다. 공장에 취직한 뒤로는 직접 아이를 찾아오기도 했다. 주머니에서 약봉지를 꺼내놓은 아이의 아빠는, 물 한 모금 마실 때마다 잔기침을 뱉었다. 양육책임은 없고 부양책임만 있는 오늘, 아이는 부모 없는 고아가 부럽다.

해마다 천 명의 아이들이 길에 버려진다. 시설에 맡겨지는 아이들의 숫자는 사천 명에 달한다. 그렇게 버려지거나 맡겨진 이만 칠천 명의 아이들이 보육 시설에서 살고 있다. 말이 보육원이지 열에 여덟은 부모가 있는 아이들이다. 이제, 보육원에는 고아가 없다. 부모에게 버려진 아이들이 모여 사는 곳이 그곳이다.

허가받지 않고 버려지는 사람은 아이들 말고도 많다. 늙고 병들어 가족과 사회로부터 잊힌 사람들은 집에 갇힌 상태로 버려진다. 집 바깥으로 쫓겨나는 것만 버려지는 게 아니다. 버려짐은 집과 상관없이 행해질 수 있어서, 빤히 집안에 살고 있어도 가족과 이웃과 사회로부터 버려진다. 이때의 버려짐 또한 그 누구로부터 허가를 받지 않은 버려짐이다. 그런 점에서 '허가'와 '무허가'는 합법을 핑계로 집과 가족과 사회를 파괴하는 범죄 행위다.

고립(孤立)과 고독(孤獨)

'고독'은 다분히 문학적이다. 문학적인 단어 뒤에 죽음을 붙인다고 해서 그 죽음이 아름다워지진 않는다. 고독은 고독이고 죽음은 죽음일 뿐이다. 전혀 별개인 둘의 관계를 하나로 묶어 표현하는 것은 망자에 대한 결례다. 죽음을 부르는 것은 고립이지 고독이 아니다. 기억하자. '고립사(孤立死)'는 있어도 '고독사(孤獨死)'는 없다.

그의 주검을 처음 발견한 사람은 집주인이었다. 몇 달째 월세가 밀리자 주인은 현관문을 따고 들어갔다. 빚 독촉에 시달리던 그는 일자리마저 끊기자 베란다에 목을 매고 죽었다. 시신은 바싹 말라붙어 미라 상태가 되어있었다. 주인은 출동한 경찰에게 "처음 봤을 때는 마네킹인 줄 알았다"라고 진술했다. 유서는 없었다.

그는 방바닥에 앉은 체 딱딱하게 굳어 있었다. 피를 토한 비닐봉지와 포장이 뜯기지 않은 죽 한 그릇이 옆에 놓여있었다. 수저 대신 그가 손에 쥐고 있는 건 어린 남자아이의 사진이었다. 경찰 조사결과, 이십 년 전 이혼한 아내를 따라간 아들의 사진으로 밝혀졌다. 아들의 사진은 그의 침대 머리맡에도 붙어 있었다. 유서는 없었다.

경찰이 출동했을 때, 그의 주검은 방 한가운데 쓰러져 있었다. 번개탄으로 추정되는 연탄재가 자살을 입증하는 증거였다. 이웃들은 그가 십 년 넘게 기러기 아빠로 지냈다고 했다. 정년퇴임을 한 대학교수란 말도 잊지 않았다. 기러기 아빠였던 그는, 자살을 위해 준비한 번개탄 비닐봉지를 분리해서 수거하고 죽었다. 유서는 없었다.

연락을 받고 찾아온 가족들도 있긴 있었다. 결핵을 앓던 아버지가 죽자 아들과 며느리가 나타났다. 십 년 동안 찾아오지 않던 자식들이었다. 둘은 "아버지가 끼고 있던 금반지가 안 보인다.”라며 각혈로 피범벅이 된 방바닥 곳곳에 이불을 펴놓고 밟고 다녔다. 실종된 금반지는 끝내 찾지 못했다. 유서는 없었다.

홀로 지내던 노인들이 황혼기에 새살림을 차렸다. 할아버지 자식들이 재산을 노린 만남이라며 헤어지라고 요구했다. 자식들의 계속된 성화에 실의에 빠진 노부부는 결국 동반 자살을 선택했다. 소식을 듣고 찾아온 자식들은 할아버지가 남긴 통장을 찾느라 온 집을 들쑤셔놓기 바빴다. 유서는 안중에도 없었다.

사람을 죽음에 이르게 하는 것은 고독이 아니라 고립이다. 고립은 단절의 옆모습이고 절망의 뒷모습이다. 고립의 실체를 고립시켜야 한다. 하루에 두 명의 이웃이 최소한의 존엄마저 상실한 체 세상으로부터 쫓겨나고 있다. 최근에는 시신을 인수할 연고자가 없거나, 있어도 시신의 인수를 거부하는 무연고사망자도 늘어나고 있다. 주검은 있는데 실체는 없는 꼴이다.

보건복지부 발표에 따르면 지난 5년간 집계된 무연고사망자는 9,330명이다. 2019년 상반기에 사망한 1,362명을 합하면 10,692명에 달한다. 무연고사망자 유골은 십 년 동안 해당 지방자치단체가 보관하다가 연고자가 나서지 않으면 폐기 처리된다. 그리곤 끝이다. 사람이란 것도 참 별것 없다.

結 불평등, 어디서부터

불평등으로 인한 격차와 차별과 소외는 우리나라만의 문제는 아니다. 옥스팜(OXFAM)에서 발표한 불평등보고서(2019)에 따르면, 2018년 한 해 동안 전 세계 억만장자들의 재산은 9천억 달러가 늘었다. 환산하면 매일 25억 달러씩 늘어난 셈이다. 같은 기간에 인류 절반에 해당하는 소득 하위 38억 명의 재산은 11% 감소하였다. 더욱 놀라운 것은, 인류 절반에 해당하는 소득 하위 38억 명의 전체 재산과 같은 액수의 재산을 26명이 소유하고 있다는 사실이다.

그 26명 가운데 한 사람인 아마존의 CEO 제프 베조스의 재산은 1,890억 달러, 한화로 계산하면 223조 8705억 원이다. 대한민국 전체예산 555조 8천억 원의 절반에 해당한다. 그는 최근 우주여행을 하였다. 지구 대기권 밖에서 무중력 상태를 즐기다 돌아오는 게 여행의 전부였다. 그가 황홀한 눈빛으로 대기권 바깥에서 지구를 내려다볼 때, 지구에서는 2억 명의 사람들이 코로나바이러스에 감염되고 4백2십만 명이 죽었다. 그의 눈에 비친 지구에 절망의 그림자는 없었을까.

코로나19 발생 이후, 부자는 더 부자가 되고 빈곤층은 더 가난해졌다. 주식시장이 붕괴하면서 전 세계 억만장자들의 자산이 많이 감소하였지만 이런 현상은 오래가지 않았다. 9개월 만에 상위 1,000명의 억만장자는 잃어버린 부를 모두 회복했다. 각국 정부의 전례 없는 지원으로 주식시장은 다시 호황상태가 되었고, 한 세기 만에 닥친 가장 심각한 경제위기에도 억만장자들의 부는 늘어났다.

억만장자들의 부는 2020년 3월 18일에서 11월 30일 사이에 놀랍게도 3.4조 달러가 증가했다. 현재 이들의 총자산은 11.4조 달러로, G20 정부가 전염병 사태 대응을 위해 지출한 금액과 같다. 세계에서 가장 부유한 10대 억만장자들은 이 기간에 총 5천4백억 달러의 재산이 증가했다. 이들의 재산 증가분만으로도, 전 세계 모든 사람이 빈곤층으로 전락하는 것을 막고 그들을 위한 코로나19 백신 비용을 지급할 수 있다.

세계인권선언(Universal Declaration of Human Rights)의 제

1조에는 '모든 인간은 태어날 때부터 자유로우며 그 존엄과 권리에 있어 동등하다'라고 적혀있다. 인권선언을 채택한 지 70여 년이 지난 지금, 지구촌 모든 인류의 존엄과 권리는 동등한가. 불평등과 싸우는 것은 지구촌 모든 인류의 숙제다. 전 세계가 고통에 직면한 위기 상황에서, 극소수의 부자들만 돈을 벌도록 허용하는 것은 잘못된 일이다. 그렇지 않은가.

별 볼 일 없는 세상

어린 시절, 별은 내게 꿈과 희망의 상징이었다. 하지만 지금은 별을 보며 희망을 꿈꾸지 않는다. 밤하늘의 별은 여전히 무성하지만 가슴에 품을 별은 보이지 않는다. 희망의 별은 지고 별(別)들만 뜨는 세상이 왔다. 하늘에 뜨지 못하고 땅을 굴러야 살 수 있는 별(別)들은 밤낮 가리지 않고 깜박여야 한다. 별의별 작업장에서, 별의별 노동을 하며, 별의별 차별을 견디며 산다. 갑(甲)이 될 수 없는 을(乙)들의 형편이 그렇고, 금수저로 태어나지 못한 흙수저들의 처지 또한 그렇다.

꿈과 희망의 별이 사라진 세상에서, 별(別)은 가름이고 별것은 갈라진 산물에 불과하다. 강자에게 짓밟힌 약자이고, 특권에 소외된 일반이고, 다수에게 거절당한 소수이고, 자본에 외면당한 노동이고, 평등에서 배제된 여성이고, 반칙에 농락당한 공정이고, 정규에 속하지 못한 일체의 비정규이다. 별것으로 구분되고 나눠진 순간 별것들의 오늘에는 희망이 없다. 학대받는 노인이 그렇고 신발 깔창으로 생리대를 대신하는 소녀 가장 또한 그렇다.

별(別)에 의해 갈라진 세상은 10대 90의 법칙이 지배한다. 지구촌 곳곳이 그렇듯이 우리 사회 또한 예외일 수 없다. 상위 10%가 소유한 자산은 전체의 42%이고 보유한 토지는 96.2%이다. 지난 50년간 그들이 부동산으로 벌어들인 불로소득은 5,546조 원에 이른다. 아무리 일해도 돈은 90%의 주머니에 모이지 않고 10%의 금고에 가서 쌓인다. 기울어진 세상에서 공평한 기회가 설 땅은 어디에도 없다.

별은 밤하늘에 있고 별(別)은 땅에 있다. 희망조차 상실한 별(別)의 세상에서, 별것들이 꿈꿀 수 있는 유일한 것은 행복이다. 돈이나 땅은 물려줄 수 있지만, 행복은 대물림할 수 없다. 재벌이 투신하고, 고위관료가 목을 매는 세상이다. 물려받은 재산 때문에 서로를 물어뜯는 자식들의 모습은 불행에 가깝다. 마약이나 갑질로 손가락질당하는 졸부들의 꼴은 또 어떠한가.

꿈을 좇는 눈이 하늘에 머묾도 그래서다. 동화 속 어린 왕자도 별에 살았다. 별(別)은 별을 꿈꿀 기회조차 상실한 자들의 자화상이다. 도리질해도 지워지지 않는 거울 속 모습이다. 아무리 찾아도 거울 속에는 별이 없어서, 거울에 갇힌 자들의 하루는 별 볼 일 없다. 그런데도 고개를 들어 별을 바라보는 것은, 별것들의 가정에도 깃들 수 있는 행복 때문이다. 그것이 차마 가슴 속에서 꿈을 지워버리지 못하는 까닭이다.

버릴 수 없는 꿈

우리는 오늘도 어김없이 꿈을 꾼다. 모든 사람이 고루 행복해지는 꿈이다. 모두가 행복한 세상을 누군가는 유토피아(Utopia)라고 하였다. 하지만 안타깝게도 유토피아는 없다. 토머스 모어가 쓴 유토피아는 공상 소설이다. '어디에도 없다'라는 뜻의 유토피아도 그가 만든 말이다. 지은이조차 없다고 고백한 유토피아를 소설 밖에서 찾는 건 무리다. 낙원이나 천국 혹은 이상향이나 파라다이스 같은 것도 마찬가지다.

우리가 사는 세상에 유토피아는 없다. 없지만, 아니 어쩌면 없어서 더더욱, 유토피아라는 꿈을 현실이라는 종이에 그리고 싶은지 모른다. 꿈을 현실로 바꾸려는 시도는 지금, 이 순간에도 지구촌 곳곳에서 진행 중이다. 물론, 시도하거나 진행되는 프로젝트의 명칭과 내용은 서로 다르다. 다름에도 우리가 그 꿈에 애정을 쏟는 것은, 그들이 그리려는 꿈의 배경이 '누구나 행복한 사회'이기 때문이다.

아, 누구나 행복한 사회라니. 생각만 해도 가슴 두근거리는 꿈이 아닐 수 없다. 도대체 그들이 꿈꾸는 누구나 행복한 사회는 어떤 세상일까. 나는 그들의 꿈을 머릿속으로 그려보기도 전에 '누구나 행복한'이라는 어감의 완벽함에 압도당하고 만다. 고백하건대 나는 너무도 불완전한 사람이다. 살아낸 세상살이 또한 불완전하기 짝이 없어서, 완벽이라는 것의 일부가 될 나의 모습이 선뜻 그려지지 않는다.

생각해보면, 유토피아는 동화 속 어린 왕자가 사는 '소행성 B612' 같은 것일지 모른다. 지브롤터 해협에 가라앉았다는 전설의 섬 아틀란티스를 건져 올려서, 누구나 행복한 사회를 다큐멘터리로 제작하려는 초현실주의 작가의 시나리오 같다고나 할까. 없음에서 있음을 촬영하려는 것은 다큐멘터리라 할 수 없겠으나, 꿈이란 실재하지 않음에서 실재할 수 있음을 찾는 것이라서, 지구별에 쏟는 그들의 안간힘은 결코 한여름 밤의 꿈이 아니다.

그들은 천국이나 내세(來世)처럼 멀고 아득한 곳에서 꿈을 찾지 않는다. 그들이 꿈꾸는 누구나 행복한 사회는 우리가 발 딛고 사는 지금 여기에 있다. 보고 듣고 말하는 지금에 있고, 입고 먹고 잠을 자는 여기에 있다. 세상살이에 짓눌려 아파하는 사람들 속에 있고, 사람이 주인이라는 민주주의의 허울 속에 있다. 몸은 허울 속에 갇혔지만, 그들은 갇힌 몸을 뛰어넘어 허울 밖에서 희망을 찾는다. 그것이 그들의 꿈이다. 그런 까닭으로 나는 그들을 좋아한다. 그들이 꿈꾸는 모두가 행복한 사회를 응원한다.

유토피아는 없다. 하지만 유토피아를 향해 한 걸음, 혹은 열 걸음, 다가서는 방법은 있다. 마인드풀 구매를 통해 신자유주의의 뿌리인 과소비에 맞서는 것도 그중 하나다. 시간은행을 통해 노동의 가치를 공유하거나, 협동조합이나 비영리 기업을 통해 소유 구조를 혁신하는 것도 좋은 방법이다. 하지만 그 무엇보다 중요한 것은 격차와 차별을 줄일 수 있는 제도적 장치를 마련하는 것이다. 최근 우리 사회에서 활발하게 논의되고 있는 기본소득 또한 그중 하나다.

무엇이든 완벽할 순 없다. 다만 완벽을 향해 다가갈 뿐이다. 기본소득에 대한 논의 또한 그렇게 진행되길 바란다. 정파나 계층의 이익을 앞세우면 취지와 뜻은 뒷걸음질치고 만다.

기본소득은 새로운 희망을 기획할 수 있는 권리다

김민웅 (전 경희대 교수)

기본소득은 시민적 기본권

　『기본소득, 지금 세계는』은 신자유주의 체제 아래 날이 갈수록 불안정해지는 생존기반을 안정적으로 전환시킬 수 있는 길을 명확하고 압축적으로 제시한다. 이 책에서 다루고 있는 기본소득은 어느 정파의 주장이나 공약 수준을 넘는 시민적 기본권리다.

　최인숙, 고향갑 두 저자는 이 관점을 축으로 삼아 세계와 우리의 현실을 파고 든다. 이 책은 기본소득의 탄생, 다양한 유형과 실천적 적용의 구체적 내용을 다루면서 소수특권세력의 지배구조에 균열을 내고 모두가 함께 잘 살아갈 수 있는 대동(大同)의 공동체를 꿈꾼다. 그건 어느 시대에나 끊임없이 일깨우고 창출해내야 할 현실이다.

　신자유주의라는 이름의 지구적 자본주의가 결국 가져온 것은 극심한 불평등이다. 그러나 사실 잘 따져보면 불평등은 그 결과이면서도 동시에 신자유주의 유지의 출발 내지는 기본 토대다. 자본의 자유를 극대화하다 보니 그렇게 되고 말았다가 아니라는 이야기다.

애초부터 "소수의 특권과 다수의 박탈"이라는 틀이 작동하는 권력질서 속에서 자본의 독점적 축적이 가능하기 때문이다. 양모산업 자원을 확보하기 위해 공유지를 사유화(privatization)해 양을 칠 수 있도록 한 과거 영국의"인클로저 법(Enclosure Acts)"은 자본주의 탄생의 폭력적 과정이다. 공동의 재산을 특정한 누군가에게 몰아줘 공유지에 의지해 대대손손 삶을 꾸려온 이들은 졸지에 부랑자나 다름없는 빈민으로 전락하고 말았다.

불평등은 신자유주의의 결과물 이전에 그 토대다

이런 구조가 만들어지면서 자본의 독점적 자본축적이 가능하게 되었고 그 결과물인 불평등은 빈곤한 노동계층을 대량 쏟아내어 자본-노동의 기본관계를 형성, 지속시켜왔다. 그런 차원에서 불평등은 이런 과정을 통해 만들어진 삶의 형태인 동시에 권력질서라는 인식이 필요하다.

불평등의 고통에 시달리는 다수의 권리와 발언권이 무력화(無力化)되는 상황을 만들어야 소수 특권세력을 위한 체제가 지속될 수 있기 때문이다. 생존의 위협, 빈곤의 수렁은 자본의 명령체제에 복종할 수밖에 없는 다수를 존재하게 한다. 인문지리학자이자 신자유주의를 해부해온 데이비드 하비(David Harvey)는 이런 구조가 바로 일상에서 다수의 삶과 권리를 박탈(dispossession)하게 한다고 강조했다.

이런 의미에서 자본주의는 민주주의와 근본적으로 모순, 적대한다. 자본주의의 지구적 지배체제인 신자유주의는 시민적 권리를 보장할 민주주의를 끊임없이 해체한다. 이에 대한 저항을 무마시키기 위해 복지제도가 수용되고 자본주의에 대한 반발이 여기에 흡수된다. "가난과의 전쟁(War on Poverty)"이 아니라 "가난한 자를 공격하는 전쟁(War on the Poor)"은 지속되고 그 과정에서 임시 야전병원을 차려 부상자들을 돌보는 척할 뿐이다.

복지제도의 한계를 돌파해야 한다

복지제도는 자본주의의 불평등 구조에 대한 투쟁의 산물인

동시에 자본주의가 자신을 정당화하기 위해 내놓은 전략적 차원의 방편이다. 그래서 우리의 사고는 복지제도의 발전에 머물러서는 안 된다. 자본주의 체제 자체의 문제에 본질적으로 육박해 들어가야 한다.

노동운동의 강도가 높아지면 이를 달래기 위해 복지예산이 늘어나지만 그렇지 않으면 복지예산은 도리어 줄어든다. "복지"라는 것이 가지고 있는 본질 은폐의 기능을 꿰뚫어 볼 수 있어야 한다. 사실 복지라는 공공성의 강화는 자본주의가 가장 원치 않는 바이다. 시장에 공공성 요소가 들어오는 만큼 자본의 영토는 줄어들기 때문이다.

그러니 복지를 약화시킬 수도 없는 노릇이다. 이는 다수의 생존기반을 안정화시키는 기반이기도 하기 때문이다. 바로 이 지점에서 우리는 하나의 중요한 질문을 던지게 된다. 복지제도의 한계를 넘어설 수 있는 기본적인 틀은 없겠는가?

그게 바로 기본소득이다. 자본주의 체제 자체를 혁파할 수 있으면 좋겠지만 지금 당장 그럴 수 없다면 그럴 수 있는 토대를 확보해야 한다.

기본소득은 소수 특권체제와 맞서는 힘이다

　시민적 기본권으로 이 권리를 만들어놓으면 생존권과 복지의 사탕을 가지고 자본의 권력이 다수의 삶을 농락할 수 없게 된다. 한 마디로 "비빌 언덕"이 든든하면 그 다음의 정치적, 경제적 행위는 보다 담대해질 수 있다. 이는 민주주의의 비약적 발전과 함께 소수 특권세력의 독점적 권력질서를 허무는 중대한 진지가 된다.

　이는 달리 말해서 기본소득이라는 생존의 안정적 기반이 있으면 불평등 구조를 혁파할 수 있는 민주적 권력질서의 수립이 보다 용이해진다는 뜻이다. 이로써 그다음 단계의 체제 진화 내지 혁명이 이루어질 수 있게 된다.

　최인숙의 개인적 경험은 매우 흥미롭다. 그가 프랑스 유학 시절 지냈던 거처는 기본소득을 경험했던 현장이다.

　"파리 11구 샤론느 거리 94번지에는 〈여인의 궁전(Palais de la femme: 빨레 드 라 팜므)〉이 있다. 중세 수녀들이 기도하던 꾸방(couvent: 수녀원)이었지만 지금은 여자 기숙사다. 고풍스럽고 우아한 이 건물은 프랑스의 역사 문화재다. 현관에 들어서면 커피나무, 싱고니움, 파초 등 남국의 식물들이 멋지게 어우러져 있다. 1층에는 널찍하고 햇살 잘 드는 살롱 드 떼(Salon de thé: 다방)가 있고, 2층부터 5층까지는 손바닥만 한 6백 개의 방들이 따닥따닥 붙어 있다. 이 방들은 모두 초라하다. 요리는 방에서 할 수 없고 1층 공동부엌을 이용해야 한다. 밤 10시가 되면 큰 대문은 잠기고 쪽문이 열린다. 외부 전화는 자동으로 끊어진다. 전화소음, 텔레비전소음으로 옆방과 분쟁이 자주 벌어지기 때문이다."

이런 복잡하고 초라한 공동생활이지만 기본소득의 제공은 여기서 시작해 새로운 미래를 기획할 수 있는 기회와 권리를 만들어 준다. 기본소득은 그 대상을 다음과 같이 이해한다.

"모든 사람에게 기본적으로 소득을 분배하는 대의명분은 또 있다. 이들은 사회 구성원으로서 사회적 부를 창출하는데 기여했기 때문이다. 기본소득은 이를 보상해 주는 것이다. 연대나 원조 차원을 넘어 사회 정의 차원에서 소득에 대한 인간의 근본적 권리 실현이다. 현행 사회최저수당은 수령자를 채무자로 취급하지만 기본소득은 사회적 부를 창출하는 참여자로 보기 때문에 권리자로 존중한다."

그 결과는 어찌 될까?

"누군가 그들에게 기본소득을 매월 제공해 준다면 어떨까. 그들은 분명 꿈을 꾸고 어깨를 편 채 당당히 거리를 활보할 수 있을 것이다. 그것은 휴머니즘 정신에 입각한 인간존중이다."

희망을 현실로 만들어낼 수 있는 능력이 이렇게 시작될 수 있다. 그리고 이는 사회정의 차원에서도 기본이다.

고향갑의 고민도 다르지 않다.

"코로나19 발생 이후, 부자는 더 부자가 되고 빈곤층은 더 가난해졌다. 주식시장이 붕괴하면서 전 세계 억만장자들의 자산이 많이 감소하였지만 이런 현상은 오래가지 않았다. 9개월 만에 상위 1,000명의 억만장자는 잃어버린 부를 모두 회복했다. 각국 정부의 전례 없는 지원으로 주식시장은 다시 역대급 호황을 맞이했고, 한 세기 만에 닥친 가장 심각한 경제위기에도 억만장자들의 부는 늘어났다. 억만장자들의 부는 2020년 3월 18일에서 11월 30일 사이에 놀랍게도 3.4조 달러가 증가했다. 현재 이들의 총자산은 11.4조 달러로, G20 정부가 전염병 사태 대응을 위해 지출한 금액과 같다."

불평등의 격차는 날이 갈수록 심대하고 그 벽을 뛰어넘기란 불가능해지고 있다. 그렇다면 어떻게 해야 할까?

"세계에서 가장 부유한 10대 억만장자들은 이 기간에 총 5천 4백억 달러의 재산이 증가했다. 이들의 재산 증가분만으로도, 전 세계 모든 사람이 빈곤층으로 전락하는 것을 막고 그들을 위한 코로나 19 백신 비용을 지급할 수 있다."

그런데도 아무 것도 하지 않고 그대로 있을 것인가?

"세계인권선언(Universal Declaration of Human Rights)의 제1조에는 '모든 인간은 태어날 때부터 자유로우며 그 존엄과 권리에 있어 동등하다'라고 적혀있다. 인권선언을 채택한 지 70여 년이 지난 지금, 지구촌 모든 인류의 존엄과 권리는 동등한가. 불평등과 싸우는 것은 지구촌 모든 인류의 숙제다."

"정의로운 전환", 그 길을 향해

'기본소득'이라는 단어가 일상으로 진입하기에는 꽤 어려운 과정이 있었다. 학교에서 무상급식을 반대하고 난리를 쳤던 때가 아득한 과거처럼 느껴지는 것과 다르지 않다. 그러나 기본소득은 상식적 요구가 되고 있으면서도 그 구체적인 실현에서는 여전히 정치적 논란대상으로 묶여있다.

이런 시기에 『기본소득, 지금 세계는』의 출간은 매우 의미가 크다. 기본소득은 시민의 기본권이라는 인식과 그 사례들의 점검, 그리고 우리의 현실에 적용하는 논의를 알기 쉽게 펼쳐낸다. 이론과 경험의 차원이 대중의 고통과 그대로 만나고 있기 때문이다.

이제 기본소득은 더 미룰 수 없는 과제다. 새롭게 자신의 미래를 개척해나가야 할 청년만이 아니라 고령화되고 있는 사회에서 제2, 제3의 삶으로 진입하고 싶은 노년층에게도 기본소득은 너무나 절실한 기본권이다. 그리고 이러한 권리가 탄탄하게 만들어질 때 우리의 민주주의도 비약적 발전을 해낼 수 있다. 자본주의를 넘어서는 작업 역시 이로써 한결 더 가능한 현실이 될 수 있을 것이다.

바란다면, 기본소득과 함께 신자유주의의 불평등 구조를 근본적으로 혁파할 수 있는 논의가 동시에 전개되어 그 틀 속에서 기본소득의 구체적 추진이 가능한 길이 열렸으면 좋겠다. 그래야 기본소득이 "정의로운 구조적 전환을 위한 토대"가 될 수 있기 때문이다. 이 책은 바로 그런 공동의 토론을 위해 모두가 반드시 읽는 기본 서적이 될 수 있음을 확신한다. 누구라도 뒤처져 누락되는 세상이 아닌, 함께 우애를 나누며 살 수 있는 세상을 위해.

한국은 이제 그런 표준을 세계적으로 제시할 수 있는 나라가 되어가고 있지 않은가?

기본소득, 지금 세계는

문제는 불평등이다

초판 발행일 2021년 9월 15일

저 자	최인숙 · 고향갑
발행인	박인애
편 집	박인애 · 조인영
디자인	여YEO디자인
기 획	심흥식

발행처	구름바다
등록일	2017년 10월 31일
등록번호	제406-2017-000145호
주 소	파주시 노을빛로 109-1 301호
전 화	031-8070-5450, 010-4301-0736
팩스	031-5171-3229
전자우편	freeinae@icloud.com
인쇄	(주)공간코퍼레이션

ⓒ최인숙, 고향갑
ISBN 979-11-962493-6-6 (03300)
값 15,000원